古都巡遊 好風如水

8 GREAT ANCIENT CAPITALS

梁冠文 —— 著

JPC

序一

馮錦榮

中國科學院竺可楨科學史講席教授
香港大學香港人文社會研究所院士
香港理工大學中國文化學系訪問教授
香港海事博物館董事兼客席策展人

中國古代對國土管理（包括地理勘測、地圖測繪和收納、土地規劃和徵稅標準、土地再開發以至都城建置）的歷史可謂源遠流長。廣被「漢代古文經學」學者認為是周公姬旦所撰的《周禮·地官·大司徒》詳述:「大司徒之職，掌建邦之土地之圖，與其人民之數，以佐王安擾邦國。……以土會之法（意即根據各種土地所產生不同人物而計算貢稅的法則）辨五地之物生。……以土宜之法（意即根據各種土地之適宜度所產生不同動植物和住民的法則）辨十有二土之名物。……以土均之法（意即均平土地貢賦的法則）辨五物九等，制天下之地征，以作民職，以令地貢，以斂財賦，以均齊天下之政。以土圭之法（意即根據土圭之日影測量土地之法）測土深，正日景，以求地中。……日至之景，尺有五寸，謂之地中:天地之所合也，四時之所交也，風雨之所會也，陰陽之所和也。然則百物阜安，乃建王國焉。」當中，最令人饒有興味的是有關利用「土圭」進行「日影測量」的方法，及其與中國古代天文學史研究中所謂「地中」之說的論述。事實上，這與形成於殷商中晚期、西周初期的中國古代宇宙理論之一的「蓋天說」（唐初天文學家李淳風《晉書·天文志》謂「蓋天說」之基本論說為「天圓如張蓋，地方如棋局」）有密切關係。蓋天說相關天文數據不斷觀測完善的過程中，所憑藉的乃是「槷表」和「土圭」——「土圭日影測量」（或稱「圭表日影測量」）中所利用的測天儀器。

2002 年，在距今 4,300 年前的山西襄汾陶寺遺址王墓 IIM22 中出土、繪有粉紅色環帶的漆杆，就是當時王者躬自進行「圭表測影」的「圭尺」——集天文觀象、授時功能與惟王建制於一身之禮儀性活動的王者禮器——當屬早期的「槷表」。殷商甲骨卜辭多次出現季節性特定月份的「立中」和日影測量的儀式性卜筮紀錄；及至殷末周初，當時的「蓋天家」利用一個「表」（又稱「八尺表」〔gnomon；觀測太陽方位角的儀器〕）直立地上，觀察太陽照射此「表」而投射的日影，可以測知一天的時刻和一年中的不同季節。

《周禮·地官·大司徒》中負責「土圭日影測量」的官屬，當受殷周之際蓋天家的影響（或許他們本身就是蓋天家），給出「日至之景，尺有五寸，謂之地中」的一個定義：夏至之日的正午立「八尺表」，影長「一尺五寸」處為「地中」。周初政府中的中層官員如「馮相氏」（《周禮·春官·馮相氏》「冬夏致日，春秋致月，以辨四時之敘」）、「土方氏」（《周禮·夏官·土方氏》「掌土圭之法，以致日景；以土地相宅而建邦國都鄙」）和「匠人」（《周禮·考工記·匠人》「匠人建國，水地以縣，置槷以縣，以景。為規，識日出之景與日入之景。畫參諸日中之景，夜考之極星，以正朝夕。匠人營國，方九里，旁三門」）亦掌握「土圭日影測量」之法。

中國古代帝王「宅京」的傳統有悠久的歷史淵源，本書作者梁冠文君早歲卒業於香港大學中文學院，好學深思，於文史哲諸科頗有鑽研，尤對史部地理書及子部術數類堪輿典籍別有會入。本書即為梁冠文君多年來深研中國歷史上「擇京」與人文、地文互為因果之複雜關係的專門論述，值得推薦。是為序。

昭陽單閼孟陬之月朔日

序二　建築城市與風水環境

王維仁

香港大學建築學系教授

◉ 空間文化原型

在世界不同文明的建築史，方與圓多半是最早出現的兩種基本
形式。大自然的日出日落、身體感知的前後左右，讓人類祖先
很早就建立了東南西北的方位感，以及自我與周圍等距的邊界
感。用方位對應四面牆體，圍合到方形建築，是第一種空間形
式；用中心界定等距周邊的圓形建築，是第二種空間形式。半
坡遺址並存的方與圓兩種形式，就是這兩種建築原型的案例。

配合朝南的房間，方形往兩側延伸為長方形，成為漢民居的基
本建築單元。面對冬季日照與抵禦北風，以及夏季對流通風的
需求，朝南的空間形式除了反映北半球的地理條件，更是建築
與人和自然環境長期互動的結果。長方體的建築、木結構的樑
柱體系形成了序列的開間，每個開間的門窗朝南開敞。隨著建
築空間的進一步發展，南向庭院的東西兩側，各自以長方體圍
合中庭，成為漢民居的四合院原型。北側的南向建築中央的空
間，是祭祀團聚的廳堂，面對中庭開敞，強化了合院中心的重要
性，也形成了精美內院與堅實外牆的區分。這些對應環境、防
禦、使用的形式發展，建立了漢民居講究方位詮釋的空間文化。

◉ 王城與天命

在儒家禮制的影響下，四合院圍合對稱的空間文化原型，將方位與內外關係進一步發展，成為方形城市從內往外多層級的城牆。城市反映了君王的天地宇宙觀，配合統治功能與禮制發展，形成中心宮殿與左右前後的功能配置，也就是《周禮‧考工記》描述的王城形制：匠人營國，方九里，旁三門，國中九經九緯，經塗九軌，左祖右社，前朝後市。王城的配置在漢代後成為皇城的空間範型，尤其是長期的戰亂與爭鬥、推翻前朝一統天下後，合理化統治的建都形制。特別是在外族入關統治後，新建的都城更需要展現王城的形制，成為象徵天命所在的城市：曹操規劃的鄴城、拓拔氏的北魏洛陽城、隋文帝的長安城、忽必烈的北京大都。

中國歷代皇城選址逐漸由西往東，而後南北互動的更替，反映了在歷史發展的過程中，政治與經濟地理的變遷。從商周的二里頭、商城與洛邑，到漢唐的長安與洛陽，是帝國早期黃土高原與華北平原，農業文明的東西遷移。從宋金的汴京與臨安，到遼金上京與元大都，以及明清的北京與南京，反映的除了是運河交通與江南經濟實力的興起，也是漢族與北方外族政權交替，南北朝分治以及宋明抵禦或退守的策略。歷代王朝重複在長安洛陽、開封杭州、北京南京這幾個古址建都，除了因為它們背山面水、易守難攻，是腹地充沛的風水福地，更因為歷代開國君王深信，這幾個古都是天命所在的龍穴之地，能為王朝帶來長治久安，千秋萬世。

◉ 方位與向法

伴隨著日益成熟的儒家禮制與王城的政治空間圖像，是道家和陰陽五行家詮釋方位與時辰的時空觀念。陰陽的辯證關係與五行的方位思想，在秦漢之後的民間早已影響深遠，被東漢董仲舒正式納入儒家的思想體系。這兩種空間思想的結合，將儒家居中四方的空間概念，進一步轉化為四季時辰輪替，與五行金木水火土的相生相剋。於是方位與季節、材料、顏色、象徵、獸禽，都成為逐一對應的空間文化體系。在方形的四合院或王城裡面，一個位居正中的儒者或君王，面對四周的家族和社會關係，體驗冬日陽光和夏季南風，日出日落的生活節奏，仰天感受天地方圓，日月星辰的季節循環。在方院的自我宇宙空間裡，東南西北的方位，配合春夏秋冬時辰，建立了南朱雀、北玄武、左青龍、右白虎的完整體系。從道家的角度看，這些空間方位與時辰的象徵與意義，都被歸為風水體系的「向法」，也是一般人所謂的陽宅風水。

向法的另一個重要思想來自陰陽家和占卜的數理，將方位空間聯繫到陰陽、五行、洛書的數字關係。陰陽的二元組合擴展成為四方、八卦，十二時、二十四向，和六十四卦的方位與時辰循環，加上洛書九宮方陣的數字排列，將多個不同向度的前科學概念，依照各自的內在邏輯，重疊成為一個相互支持的空間論述。對於由一到十的數字，陰陽與九宮各有不同的運用。從陰陽來看，一三五七的天數是陽，決定樓閣層高與建築開間，二四六八的地數是陰，決定配置的方位。從河圖來看，一六在下二七在上，三八在左四九在右，五十居中，兩數之差五，代表相生相成。從洛書九宮方陣看，九上一下與左三右七，配合對角的四六與二八，以五為中心，縱橫斜角的和都是十五。方形圍合的方位空間，加上這些數字關係，成為解釋吉凶禍福的玄學，也把基本數學轉化為天機了。

◉ 風水與環境

和四合院和王城的朝向同樣重要的，是觀察周邊的山水環境，選擇建築成熟的理想場地。中國人堪輿選址的環境理論，也就是風水的「形法」或「巒頭派」的山水思想，以郭璞的《葬經》為代表。巒頭是山脈起伏的形勢，相應配合著河川的流動。風水家在各種生動變化的自然山脈中，觀察出一種山水的基本形態，認為這樣的環境形勢與生氣息息相關。「氣乘風則散，界水則止，故日之風水」，理想的風水選址要在層層的山勢之間，找到能藏風得水，使氣能聚之不散的「明堂」，同時若能找出風水之穴，就能持續產生源源不絕的活力。這樣的風水寶地，或是群山之中山脈圍合的平坦盆地，或是層層大山逐漸轉為平原，背後和兩側山峰為環繞包背，面對蜿蜒河川的谷地。「葬者，乘生氣也」，無論是庇佑子孫的墓地、家族繁衍的宅邸，或是千秋萬世的王城，都要找到這種乘生氣而藏風納水的風水之地。

《書經圖說》裡的《太保相宅圖》，召公受周公之託前往洛陽卜宅，和測量團隊在水岸架羅盤勘查方位，拿標杆丈量定位。相宅圖不但說明了召公親為堪輿選址的重要，背景的近丘遠山與前景的蜿蜒流水，更表達了營建都城時講究背山面水的風水環境。就今天地理學和區域環境的角度看，位於北半球的中原地區，江水由西向東流向大海，為華北平原帶來大量泥沙和兩岸肥沃的沃土。平原北側層層山脈不但阻擋了冬季的北風，更是防禦北方外族入侵的重要屏障。夏季南風帶來海洋溫暖的氣流，穿越江面夾帶著濕潤的水氣，吹進四合院面南開敞的廳堂，和城市的大街小巷。這種城市營造與風水相互配合的關係，不就是我們今天提倡的建築與自然生態環境的互動嗎？

背山面水的風水思想，其實就是漢民族長期和環境互動累積的
學習，既是基本科學常識，也是文化長時期累積的心理和生態
知識。當然，講究能藏風納水乘生氣的風水寶地，除了背山面
水，還要祖山層峰左右圍合，配上明堂、水穴和前面的案山。用
科學的實用觀點看，山谷間的平坦地有最好的微氣候條件：除
了免於北風的侵襲，春夏的南風和向陽坡的上升氣流，也帶來
溫潤的雨水和肥沃的沉積土層，如果還有地下泉水配合，加上
環繞山脈屏障的安全無虞，當然就是寶地了。巒頭派的風水雖
然以山川形勢為主，發展到後代，開始通過天象把理氣反映到
山形穴形。風水將形勢聯繫到五行吉凶，解釋天星和山形相生
相剋的關係，也逐漸和向法一樣，進入了玄學的領域了。

◎ 科學與玄學

方城和四合院是漢民族的建築空間原型，反映人對自然日出日
落的方位體驗。背山面水的風水觀是漢民族的環境策略，反映
人觀察和體會自然山水氣流後建立的空間架構。這兩者都源自
自然與心理的科學，也是風水裡向法和形法，或者陽宅和陰宅
風水的理性基礎。向法和形法都各自發展出周全的內在邏輯，
能整合不同的說法自圓其說，不但能形成一套完整的論述，更
能進一步占卜吉凶，解釋命運。面對不確定的自然災害與命運起
伏，風水高人或江湖術士，也就自然善於運用這一套論述，替
權貴大眾找出逢凶化吉的方法。

漢代以降的正統士大夫，對風水的說法由存疑到批判，態度不
一。孔夫子面對未知自然的哲學是「子不語怪力亂神」和「不知
生焉知死」的存疑，或「五十而知天命」的擱置。宋明之後理學

盛行，朱熹把理氣解釋為「陰陽五行錯綜不失條緒，便是理」，而「氣則為金木水火」。於是自朱熹之後，理學家也開始鑽研演數，也就沒有儒者再質疑風水向法的地位了。風水的思想到明清後結合命理學說，配合世俗對升官發財的期望，內容蓬勃發展，也日趨龐大複雜。因為福禍不能完全以建築環境的選址配置來判定，也要看主人的生辰命相來推算吉凶，江湖術士就有更巧妙的解釋餘地了，也有更多空間提出驅邪轉命的手段。當迷信重於理性之後，風水堪輿作為前科學的環境經驗累積、天人合一的文化智慧，也就逐漸式微了。

梁冠文先生畢業於香港大學中文系，長年從事寫作和文化策展工作，有深厚的漢學根基，也對先秦諸子思想鑽研多年，著有《御用捉刀人──韓非子》一書。他對易理和堪輿學有濃厚的興趣，將他對歷代古都的風水方位研究，整理成《古都巡遊好風如水》一書。這本書敘述清晰，文字深入淺出，資料詳實豐富，內容圖文並茂，是幫助我們理解中國城市的風水選址以及方位佈局的絕佳導覽。《古都巡遊》既可當作古都旅遊的知識印證，也可以作為城市空間史的輔佐閱讀，更是風水與向法的入門導讀。

風水與方位的論述，是理解中國傳統建築城市與地景環境的關鍵，也是中國空間文化的獨特思想。如果我們能以傳統文化對環境與山水的敏銳，檢討近半個世紀大興土木對風水的破壞，進一步發展成為對自然生態的保育共識，追求人本與自然環境結合、天人合一的建築城市，豈不是這本書和堪輿知識的另一個貢獻？

目錄

前言

中國歷史上出現過許多王朝，每個政權伊始，統治者首要考慮的就是擇地建都，既作為立足全國的根據地，也可以藉此向天下臣民宣示主權，自鯀（大禹之父）以後，歷朝都有都城建設的記載。漢初，蕭何對劉邦說：「且天子以四海為家，非令壯麗無以重威。」（《漢書‧高祖紀下》）「重威」二字，畫龍點睛指出了天子建設宮殿另有考量。

統治者自詡「天子」，令規模巨大、氣派恢弘的宮殿，從來不止於一組組讓人遮風阻雨的硬件建築，建築的是宮城，確立的是王權。在一磚一瓦之上，加入精心考量的政治和文化加工，背後蘊藏著一套寓意深遠的王朝語言，語言的內涵在於灌輸一種信仰、一種傾向，重威樹權，令王位得以維持和加固。

既然建都如此重要，下一步便要講究建都的條件。

一是地理因素，一是經濟因素。

一統天下後，如何有效管治，馬上提上日程。中國幅員廣袤，國都若偏處一隅，政令難以通行，顯然不利於統領全國，於是衍生出一個重要的建都觀念——居中。在武力攻伐的年代，居中之地又必須進可攻退可守，穩當為重；另外國都作為全國最大的城市，人才匯集，物資需求頻繁，軍事或商業往來更要有通達的地利，受限於古代陸路運輸成本高昂，水路發達成為建都必須條件。種種考慮所涉及的因素，都講求大局觀，一種視野，一種識見。

堪輿之大用

若細考之，這種大局環境的考慮，與堪輿上的要求正好一致。

「夫地理之大，莫先於建國立都。」（《地理人子須知·帝都篇》）

風水，古代又稱地理和堪輿，堪是天道，輿是地道，要言之，就是把這種自古積累的天地間之道理，首要於建國立都上體現，才堪稱大用，涉及的也是一套大局觀。

人會本能地選擇宜居的地方生活，經過多年的觀察和體驗，總結出一些法則，逐步發展成一套論述。到國家觀念正式確立，統治者手握天下大事的話語權，便將這套論述融入治術之中，尤其將天人合一的觀念應用於都城的選址和宮殿的佈置之上，以彰顯自身政權得到上天加持，作為天命史觀的合法體現。明乎此，可知今日用堪輿看尋常一家一宅凶咎，原是小道末節，未免失焦。

本書試從堪輿的角度，跟大家巡遊八大古都，看看它們的都城選址和宮殿佈局，蘊藏了哪道御製御用的風景線。

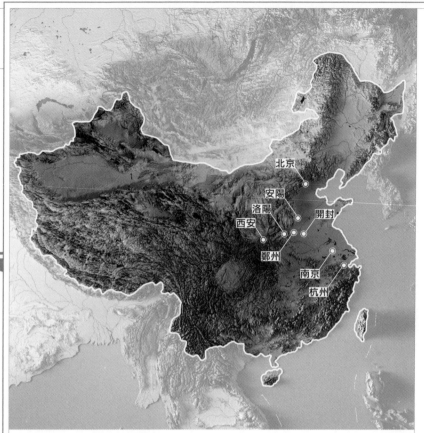

中國八大古都

據顧炎武《歷代帝王宅京記》統計，歷來統一王朝的首都和陪都就有 46 處，若再加上分裂時期的大小政權，國都數目更多達近 300 個。今次僅挑出八大古都，原因是它們囊括了中國自夏朝以來統一王朝最重要的政治、經濟和文化中心，代表性凌駕其餘。整體而言，八大古都可以按地域分為兩組，東西開展的有長安、洛陽、開封、鄭州和安陽，它們佔據了中國前半段的歷史；南北開展的有臨安（今杭州）、南京和北京，佔據了後半段的歷史。

至於八大古都的規劃佈局也可分為兩種形式，一是矩形佈局，四邊方正，通常是新建都城，遵從傳統禮制如《周禮·考工記》的規定，不受地形或前朝遺址影響，例子有漢魏洛陽城、隋唐長安城、元大都、明清紫禁城等；一是不規則佈局，受地形環境限制，或由舊城改建而來，異於傳統禮制要求，例子有商朝安陽城、漢朝長安城和南宋臨安城等。

朝代交替　地運興衰

姑不論都城選址是東西向或南北向，或是整體呈矩形或不規則佈局，能夠成為一個國家的首都，地位始終非比尋常。然而，即使千年古都長安或是九朝古都洛陽，始終有淘盡榮光的一天，黯然讓席於新貴都城，中間的此起彼伏，興衰交替，固然牽涉千絲萬縷的歷史因果傳承，而在堪輿上亦有所謂「地運」之說與之呼應。顧名思義，一地有一地之運，合地運時可乘時而起，與歷史現實巧妙配合，躋身全國之都；可是運勢盛有時，衰有時，三十年河東，三十年河西，不合地運時退居下來，久之甚或湮沒於歷史長河之中。按照朝代發展而言，八大古都中，憑藉黃河地利的鄭州、安陽首先崛起，興於夏商二代，及至關中及關東一帶，秦嶺渭河環山抱水，鉅勢強形，於是漢唐之際長安、洛陽各領風騷；後來天下重心東移，河道縱橫的汴京（今開封）和龍蟠虎踞的南京時來風送，以至臨安（今杭州）亦得一時之遇，榮膺一朝之都；然而此地形勢畢竟單薄，局面開展有限，隨著元朝開拓京杭大運河，至明清之際，地運落戶於北倚山險、南控華夏的北京。地運輾轉流離，古都亦輪番興替，唯一不變的是山環水抱的大格局，是終極建都之本。

用於政治的文化加工

都城是歷史城市建設的璀璨代表，在芸芸古代建築中級別最高、設局最奢華，不管在城市規劃和藝術價值上，都屬於那個時代的頂尖水平，也是闡述一個國家文化地理的最佳載體。正因京城屬於帝王們專有，帝王們的權力又無限大，可以動用全國之力，網羅和選用最好的人才及建材，興建豪華壯麗宮殿群建築，炫貴炫權。

帝王們可以凌駕各種禮制規定和階級秩序，任意挪用具有象徵價值的文化符號，加之於宮殿之上，化身成為一個權力圖騰，告訴你誰才是國家的統治者，如一貫象徵崇高地位的龍紋飾只屬帝王所有；陽數中最大的九，其開間也只存在於宮殿建築之中；屋頂形式有嚴格規限，廡殿頂為皇宮主殿專用；甚至顏色亦然。總之觸目所見，都是高度一致性的鋪排，構成一種直觀式的認知，令你完全服膺於統治者處心積累、刻意表述的無上權威，根本難作他想，也說明了為什麼自古以來僭越是大罪，因為你想顛覆定例，壞我大計，不容不誅。

京城是帝王化身的觀念不斷沿襲，歷經沉澱和演化，成為一套中國獨有的宮殿之學，一直到明清之際發展至極致，就是今天我們所見的紫禁城。

單單「紫禁城」三個字，已經饒具深意。古人觀穹蒼，相信天帝居於紫宮，皇帝身為天子，地上宮殿命名亦以紫字呼應；禁字，秦漢時皇宮稱為禁中，與紫字連用，最晚始自唐代；禁字另有不可逾越的意思，符合禮制上皇帝和百姓尊卑之別，宮城成為不可逾越的禁地；城的作用，就是出於拱護和防衛，而且京城的顯赫地位，宮殿規模要巨大如一座城，方能體現。

充滿文化符號的紫禁城，絕非拔地而起，從中可以窺見歷朝歷代宮殿建築的縮影。作為堪輿之大用，紫禁城的宮城選址和佈局融匯了天文地理、易經陰陽、四靈八卦的元素。別忘記，堪輿理論基礎的《易經》還得到孔子的加持，相傳這位儒家大老曾作《十翼》解釋，因此自漢武帝將儒家定於一尊後，用堪輿原則建都，完全政治正確，順理成章。因此，我們能透過不同的古都琢面，去透視出一個理想中的堪輿世界，也可從堪輿的理論，全面解構古都的建設，嘗試讀通這套宮殿之學。

進一步說，宮殿規劃和建築形制的演進，可以視為堪輿理論的勘誤表，存廢由實踐結果定奪，目標為本，相當務實，所以即使經歷多次改朝換代，政治權力由一家一姓輪流把持，這套宮殿之學仍然得以一直傳承。許多現代人都誤讀了風水，甚至貼上了神秘、不科學、迷信和落後的標籤。其實，風水是一個歷史現象，見諸於歷朝歷代的宮殿之學，沒有令人信服的條件，不能立足數千年，成為王朝顯學，甚至到君主專制政體轟然坍塌後，飛入尋常百姓家，花開不止兩朵，各表一枝。

示禁

建築學者漢寶德稱：「在中國文化裡，建築並沒有客觀存在的價值；它的存在，完全是為了完成主人的使命。除了居住的功能外，建築是一些符號，代表了生命的期望。」[01]

當建築的主人是帝王的時候，宮殿化成皇帝想法的外顯，它的符號涵意就是王權的展示，實踐叫天下人敬畏膜拜的期望。

宮城是觸碰到的歷史，巍巍然矗立在國都之上，講述著人類社會過去的事件和行動。它由皇帝下旨興建，身份儼如主子差遣的沉默使者，向臣民頒下無字聖旨。中國王朝語言的一大特色，就是從來只需意會，毋須言傳。西方喜歡赤裸裸展示王權，到處豎立統治者雕像，地方以統治者尊號命名，甚至宮殿也要建到山上去，例如與長安齊名的羅馬帝國古城，便稱為「七丘之城」，讓人隨時看到，突顯其高高在上，手法直接，然而缺乏想像。

反觀中國的皇帝，似乎一早深諳如何操控想像，故意藏起自己，讓未知的恐懼成為民眾間最大的恐懼。他幾乎從不在民間現身，你明知他就住在高牆內的宮殿，然而就像頭上的那片天，你曉得它存在，卻永遠觸摸不到。所以中國的皇帝經常把自己與天同論，甚至他的名字也不准提，你要先懂敬，然後畏。

01　漢寶德：《中國的建築與文化》，〈第一講：建築文化的基礎〉，台北聯經出版事業股份有限公司，2004 年 8 月初版，第 17 頁。

中國的宮殿之學，高明在這種高牆式的示禁——皇帝神秘，所以莫測，激發人對牆內有更多的想像，細思然後極恐，極恐然後拜服，西諺說的 Perception is more powerful than reality，竟在東方的土地上得到有力的印證。不張聲，但表達清晰；不累贅，但足夠深刻。

還有，中國宮殿之學的另一個特點，就是宮城面積往往不合比例地大。據統計，歷來中國的宮城竟佔據了世界十大的頭七位（見附表），背後也經過精密計算。

到過紫禁城的人，都感受過那裡的巨大氣場，但原來它亦不過在三甲中敬陪末席，餘者可知。建一座宮城，人力物力花費鉅大，事關國計民生，不可能不精心盤算，中國歷朝皇帝樂此不疲地競建巨構，目的不外乎刻意製造巨大的空間落差——宮城大，建築小，置身其中，你會自慚渺小，而倍覺王權巨大，於是由衷約束自己的思想和行為，甘願臣服於強者。

古都與龍脈

既然國都肩負重大任務，選址必然經過精心挑選，這是時候讓堪輿領旨登場。堪輿是中國文化的產物，主旨涉及如何應對環境形勢，其內容跟中國地理關係密切，因此不宜憑空侃侃而談或照本宣科，多了解中國的自然形勢，自會容易切中肯綮；再從中參悟一些中國人適應環境的習性，許多堪輿的基本理論馬上觸類旁通，心領神會，具體例子將在本章後段加以闡述。因此，筆者認為，入門堪輿的第一本讀物，不是人人趨之若鶩的古書古訣或大師著作，而是唾手可得介紹中國地理的書。

世界古代十座城面積比較			
	城市名稱	面積（平方公里）	建造時期
1	隋唐長安	84.1	公元 583 年
2	北魏洛陽	約 73	公元 493 年
3	明清北京	72	公元 1421-1553 年
4	元大都	50	公元 1267 年
5	隋唐洛陽	45.2	公元 605 年
6	明南京	43	公元 1366 年
7	漢長安（內城）	35	公元 202 年
8	巴格達（今阿拉伯）	30.44	公元 800 年
9	羅馬	13.68	公元 300 年
10	拜占庭（今伊斯坦堡）	11.99	公元 447 年

● 資料來源：潘谷西：《中國建築史》，中國建築工業出版社，2004 年，第 37-38 頁。

中國地理的一大特色是山和水特多，喜馬拉雅山、崑崙山、天山等大山脈多達十條，衍生出的山嶺不計其數，包括我們熟悉的華山、泰山等五嶽；山峽間又發源出數之不盡的江河湖泊，包括我們熟悉的黃河和長江，可見先民居住的環境不是萬里冰封或赤地千里，而是在山環水繞又山重水復之間。風水上「三大幹龍」的觀念，正正是由山和水組成，據清代《欽定古今圖書集成》卷二‧圖書篇，用現代的話可理解為：

長江與南海之間所夾的是南幹龍，中間越過嶺南眾多山脈如武夷山和衡山（天目山）等，龍脈盡於南海；

黃河和長江之間所夾的是中幹龍，中間越過淮南眾多山脈如嵩山、鍾山等，龍脈盡於東海；

黃河與鴨綠江之間所夾的是北幹龍，中間越過漠南眾多山脈如太行山和天壽山等，龍脈盡於黃海；

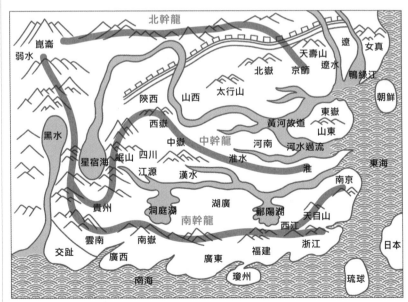

◉ 截自明徐善繼、徐善述：《地理人子須知》。

《管子‧乘馬》亦稱：「凡立國都，非於大山之下，必於廣川之上」，山河之間構成來龍去脈，有大中小三種聚局，「大聚為都會」，「中聚為大郡」，「小聚為鄉村」。三大幹龍之中，每一絡都會結成一個山環水抱、龍盤虎踞的大局勢，成為歷史上大都會結穴之地。本書提及的八大古都，分別盤踞於三大幹龍之中，北京屬於北幹龍；長安、洛陽、鄭州、安陽、開封（汴京）屬於中幹龍，南京和杭州（臨安）屬於南幹龍。

上文所指的龍脈，是風水專用術語，琅琅上口慣了，實則應該把兩個字拆開來理解。

龍是指山。山的形勢變化萬千，蜿蜒起伏，躍潛不定，時現時隱，跟中國傳說中龍的形象相似，所以山脈又叫龍脈；脈是人的脈絡。氣血運行，流動不息，用之在山，譬喻山有生氣，山雖不動其實在動，龍和脈放在一起，表達了一種中國人「萬物皆有情」的自然觀。

在古代中國，龍是代表最高權力的圖騰，非君主不能用，用龍脈來形容帝都選址的千里來源，實在恰當不過。風水上認為，帝都選址首要認定龍脈，龍脈悠遠，根本始強，氣勢始盛。中國認脈千里歸宗，歸宗在大西北至高至大的崑崙山上。

崑崙山相傳是天帝的住所，早在《山海經》中已有記載，後來的《水經注》踵事增華，顯見地位不凡。到唐宋之際，崑崙山亦稱須彌山，風水典籍《撼龍經》稱：

「須彌山為天地骨，中鎮天地為巨物。」

八大古都的龍脈發源地皆在崑崙山，崑崙山被認為是天下諸山之祖，亦因此由地理上的形體昇華成為神聖的造物。稍懂易理的人都知道，西北方位在中國的術數中具有特殊地位，堪輿尤其如此，這點將會在下文中一一舉例闡述。西北既高，東南偏低，古人將這種觀察放進神話故事之中，《山海經》稱：「天傾西北，地陷東南」，顯見許多中國古老文明跟堪輿一樣，起源和現實環境關係密切，有跡可尋。

風水理論的初成

現代人看待風水，絕大多數著重成效，最好妻財子祿壽五福臨門，亦有有志此道者研習它的操作方法，旺星凶星當運退氣，說得嘖嘖價響，然而這方面的人為數始終有限，更少見有人尋源溯本，探究風水理論的源頭，久之竟令它變得諱莫如深，神秘莫測。筆者希望透過一點觀察和推論，配合對風水的認識，嘗試解構這個謎團，而一切應從最重要和最基本的因素說起 —— 生存。

古人認為人生於天地之間，三者共為一體。最早階段，自恃為智慧生物的人類必然嘗試過與自然對抗，可是那時候是 rule by nature，不是 rule by people（事實今天亦然），處處危機四伏，一次大旱，一場洪水，足以構成毀滅性的破壞，人類沒法不心存恐懼，美國心理學家 Paul Ekman 早就指出，恐懼是人類與生俱來七大基本情緒之一（其餘是憤怒、厭惡、愉快、悲傷、羞恥和驚訝）[02]，我們再自大，也必須承認無法跟大自然匹敵，心裡愈恐懼，愈渴望穩定和秩序，只得順應大自然的客觀規律尋找生存空間。

02 "A Model for Basic Emotions Using Observations of Behavior in Drosophila", *Frontiers in Psychology*, https://www.frontiersin.org/

古代的智者老子說：「天大，地大，人亦大。」（《道德經 · 25章》）先民意識到，天道自然，終究為人所揭示，鯀以堵治水失敗，禹以導治水成功，事實放在眼前，應懂得把握和利用。我們有足夠智慧參悟天地，從長期的運用和應對經驗中，找到這個和自然環境相處的方法，學懂順天應人，逐漸取回主動，令生活得到保障，甚至進一步改善。中國人把這個方法稱之為風水。因此風水最重要的構成部分，是人與天文和地理等自然環境的關係，無怪乎風水以至《易經》經常談及陰陽觀念，單單陰陽二字，已經把這種對應關係表露無遺。陰和陽均取「阝」部，即為阜，亦即平地上隆起的高坡，向日與否分別是陽面和陰面，二者根本就從地理而來。見微知著，風水的本質不言自喻。

溯本尋源，人類為求生存而催生了風水。生存是最大的動力，所以風水不是一種技能，而是一種本能，風水上經常強調的趨吉避凶，是一個很質樸的訴求，人類本能如此，完全無可厚非。風水的要旨，一言以蔽之，就是界定和找尋宜居的生活，只要抱持這個顯淺的定義，根本不必訴諸幻秘和權威，許多風水的基本理論自然迎刃而解。風水本身理應是一個去大師化的表述，它的進程是由人及物，再由物轉化成一種精神探索和倚賴，今天講信風水，完全說得沒錯。漢寶德稱：「風水的理論與實務都很複雜，但其作用就是求生的機制，其目的不過是接納生氣，排除煞氣而已。」（《中國的建築與文化》，第一講：建築文化的基礎）

至於風水二字，本身已是對本科內容十分具象的描述，是有關於自然環境的利用，稱之為堪輿，是著眼在它的理論層面，可視之為一種提升，符合一般學問從觀察中經過歸納得出法則的發展脈絡。它的結構多元，從應對自然環境開始，衍生出天命論、民族性和人文觀等等，最後達成一個體系。

世界一體化產物

筆者以為，風水是一個辨識度很高的中國人品牌，但不代表擁有專利。

● 馬達加斯加「翻屍節」

人生存離不開環境，有生存需要，就有風水，在世界各地，都有這麼一套講求適應環境的求生指南、安居手冊，根本是一種集體潛意識的創造，強調自然與人事的溝通，只是因應文化和種族習性不同，導致名稱和操作方式或者有異，但涵意完全一致。在各自那片天地之間，找出和諧共生的方法，在中國的叫風水，在其他地方另有地道稱呼，分別只在於有否將之標籤化和專名化。筆者發現上述論調，原來並非一己之見，著名漢學專家李約瑟（Joseph Needham）在闡述風水理論時稱：「每個地方都各有其地形特點在制約著自然之『氣』對該地的影響」[03]。要言之，處身不同環境，各有不同應對，打一個譬喻，每個地方都有人逝世，都有紀念先人的方式。中國人相信陰陽二路，舉行盂蘭節時，一般人會燒衣給冥界的亡靈，神情肅穆，心情哀傷；墨西哥人的「亡靈節」（Day of the dead），卻像一個普天同慶的節日，墓地佈置得五彩繽紛，甚至穿上骷髏衣服來招魂，邀請死者回家一起重聚；馬達加斯加更有「翻屍節」—— 中國人大概會掩眼狂呼大吉利是 —— 把死者的遺體從墳墓中挖掘出來，進行清潔和重新包裹，布上寫上姓名，來表達對死者的懷緬。

同樣是對先人的懷念，做法各有不同，端的是各處鄉村各處例，鬼節如是，風水如是。

03　李約瑟：《中國科學技術史》第二卷〈科學思想史〉，北京科學出版社，1990 年 8 月初版，第 360 頁。

習慣瞻天

說回中國的風水，傳統中國人絕大部分以務農為生，「面朝黃土背朝天」，受過了自然界的教訓，對天地間反而存在一份特殊的感情聯繫——相信靠天吃飯，育成萬物需仰賴從天而降的陽光雨露；而且從下仰望上空，不免感覺低微，容易自處謙卑，因此普通人對天都懷著一份莫大敬意，進而相信幽渺穹蒼上或有神明寄居，祂主宰著人間禍福，不容侵犯；至於翻土犁耙，農耕所出則靠地上的泥土而來，因此對這片黃土也心存感激，要虔誠供奉，社稷壇和神農架便是這種精神產物。

為了掌握自然的法則和規律，先民養成瞻天望地的習性，從眾多出土文物中經常出現對天文和地理現象的觀察，經過沉澱和演化，逐漸形成了風水的基本原則。看看《周易‧繫辭下》如何描述伏羲開創先天八卦：「仰則觀象於天，俯則觀法於地，近取諸身，遠取諸物。」一如傳統中國喜歡託古的舊制，伏羲本尊其實不過一眾先民的化身，先民的生活就像古希臘寓言中的天文學家，每天晚上習慣到外面觀測星象，又在地下不斷搜索，努力尋找自然間運行的規律，總結出一些和天地共存的法則。它是一種群眾經驗，所以風水的理論，是主流民意的反映，中國人用了一個名叫伏羲的神話符號來闡述現實的涵意，也就是說伏羲是虛構可以，說伏羲真有其人也可以。

◉ 黑陶尊，摘錄自《圖說山東大汶口文化》，山東美術出版社，2013 年，第 107 頁。

山東大汶口文化（距今 5500 至 4500 年），黑陶尊上出現日、月、山等圖案，代表對自然現象的觀察，而日和月同時出現，顯然出於一種想像和創造，陶尊作祭祀之用，藉此表達一種崇敬心理。

江浙良渚文化（距今 5300 至 4000 年），發現玉琮，外面方形，裡面圓洞，而且數目極多，玉琮在生活上實用價值欠奉，反映信仰意識高於一切，當時已普遍擁有天圓地方概念。

中原仰韶文化（距今 6500 年）的濮陽西水坡遺址，墓中一具男性骨架，其右面由蚌殼砌成龍形圖案，昂首弓背，尾部搖擺；左面砌成虎形圖案，四足和尾部清晰可辨，與天上四神——右青龍左白虎的位置和外形俱相符，它更是世界上最早的二十八星宿圖。

中原文化區戰國湖北曾侯乙墓漆器箱，內髹紅漆，外髹黑漆再畫紅彩，箱身繪上卷雲紋和星點紋，箱頂以篆文寫上大大一個「斗」字，外圍順時針分佈東南西北二十八星宿名稱，外沿另有青龍白虎兩獸對峙。

以上例子說明，儘管身處不同地區，古代先民不約而同有觀天的習慣，並且會將觀察所得，融入在祭祀墓葬等形而上的層面，追求精神上的信仰。而且日觀太陽升降，夜望星月流動，很容易發現天穹像一個球狀物體循環轉動，進而形成一種天圓地方的觀念。

◉ 玉琮，摘錄自《良渚玉器》，浙江科學出版社，2018 年，第 25 頁。

◉ 蚌塑龍虎墓，摘錄自趙會軍：《發現仰韶》，中國國際廣播出版社，2010 年，第 56 頁。

◉ 曾侯乙漆器箱，摘錄自湖北博物館：《曾侯乙墓——戰國早期的禮樂文明》，湖北文物出版社，2007 年，第 93 頁。

古人相信，天圓流轉，象徵時間運行；地方靜止，象徵空間固定。兩者加起來，就是陰陽平衡，動靜互補，這個哲學概念，幾乎統馭了中國所有的人文範疇，包括風水在內。宮城建設作為皇帝天下的縮影，最常見陰陽和合，意象深永的佈局排列，象徵天命所歸。下文提及的八大古都，無一例外地都能找到陰陽互補的影子，而天命論也因此成為風水另一個重要組成部分。

至於天圓地方的概念，也在建築形制中得到落實。圓形是上天的形態，因此祭祀神明的天壇和安葬先人的墳墓呈圓拱形，至於宮城雖屬天子所有，始終是地上居停，因此貫穿著方正的共同建築形制（咸陽城除外，原因參見長安一章）。一般中國宮城，都被垂直的四面外牆圍著，形成一個長方或正方形，城角通常建有哨樓或城垛作為防禦，而城內則包圍著更多的小矩形，街道都是南北和東西走向，從空中俯瞰，猶如一個巨大的棋盤。

三垣二十八宿

不遲於戰國時期，古人已經發展出三垣二十八宿觀念，二十八宿即夜空上二十八個星區，藉以觀察月亮運行的軌跡，分為四組，每組由一種神獸命名。

北面稱為玄武 —— 斗牛女虛危室壁
東面稱為青龍 —— 角亢氐房心尾箕
南面稱為朱雀 —— 井鬼柳星張翼軫
西面稱為白虎 —— 奎婁胃昴畢觜參

另有一個說法，指四神出於氏族時代的部落圖騰，東夷的蚩尤崇拜鱷魚（青龍），南方的炎帝崇拜雀鳥（朱雀），北方共工崇拜蛇（後與龜結合成玄武），西方羌氏崇拜虎（白虎），然而僅備一說，不太受到重視。

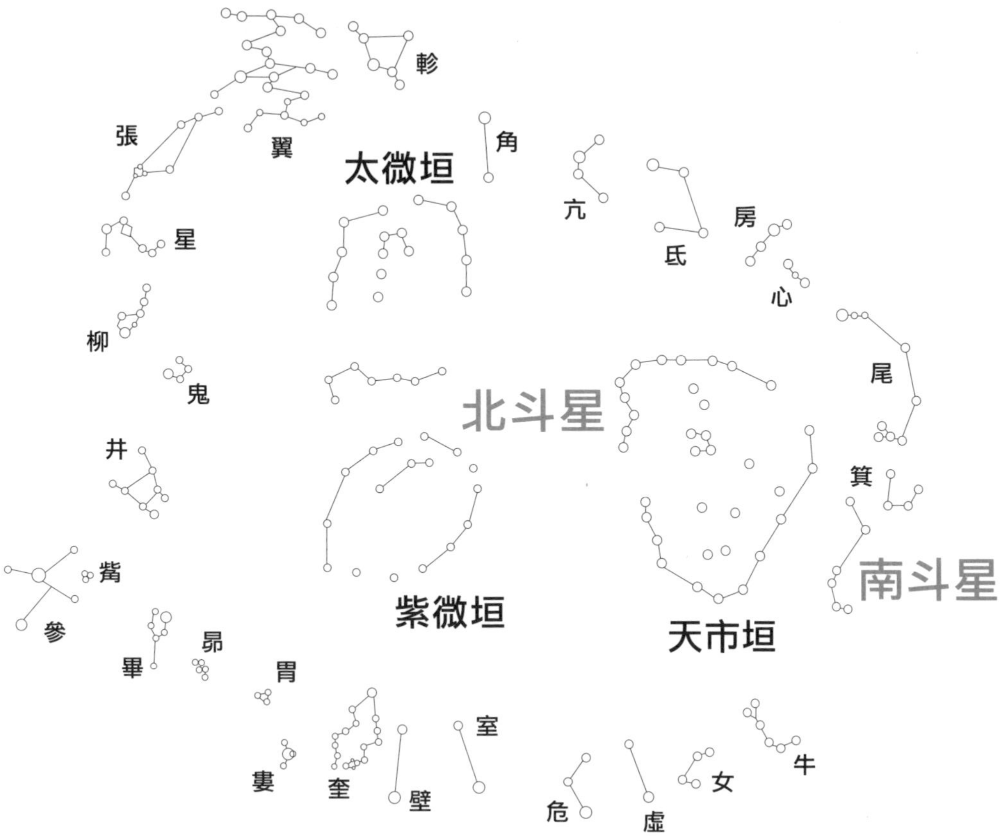

星圖中標註：

軫　張　翼　太微垣　角　亢　房　氐　心　尾

星　柳　鬼　井　鬼　北斗星　箕

參　觜　昴　井　紫微垣　天市垣　南斗星

畢　婁　奎　胃　壁　室　危　虛　女　牛

● 四神圖

三垣名稱則稍遲出現，最早於《史記・天官書》有類似稱呼，到唐代瞿曇悉達所編的《開元占經》正式確立。三垣中的紫微垣，位處北天極附近的天區，象徵帝居，天皇大帝、五帝內座等分列其中；太微垣則是朝堂官衙、王侯將相的處所，三公九卿、幸臣從官，各有本位；天市垣對應古代城池的外郭，市樓、車肆、列肆、屠肆等商業場所聚集，甚至有貫索等關押平民的監獄。三垣建構出一個天上王國完整的政治倫理體系，在天人合一思想盛行的中國，特別自秦統一天下以後，在宮殿建築上產生支配作用。

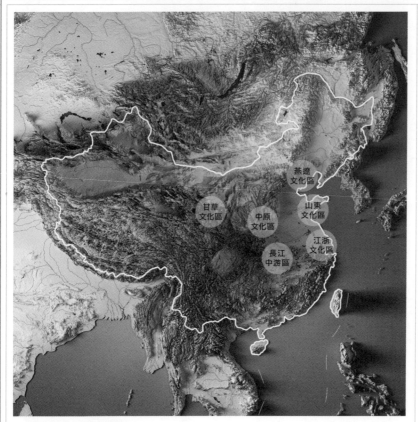

● 華夏文明六大發源地圖

習慣望地

華夏文明六大發源地，都是環繞黃河和長江而來，印證了河流是文明搖籃的說法。情況跟其他三大文明古國一樣，水是生命之源，能促使農業和後期的商業發展，人民得到溫飽，解決了生存需要，文明才得以起步。

不同區域的環境不一，造成文化發展速度有別，六大發源地中，以黃河流域的中原文明最發達，原因是那裡的土地具多樣性，介乎北方旱地粟作和南方水田稻作兩大農業系統的交集地，平時氣候如常，粟稻都有收成，偶然天不做美，或澇或旱，也至少保住了一種農作物收穫，得以養生。這個地帶就在由渭河、汾河和洛河三條黃河支流組成的一片谷地，集中了最優越的資源，扶植文明發展。地理上渭汾洛河亦處於全國中心，有利各地文化衝擊交流。追本溯源，許多我們熟悉的考古文明，包括半坡遺址、姜寨遺址和龍山文化都在這裡產生。

到後來，國家觀念確立，都城的選址依然首要靠近水源，本書集中描述的八大古都基本如此。西安有渭河，洛陽、開封、安陽、鄭州分佈於黃河兩岸；南京有長江，杭州有錢塘江，北京有永定河。然而也要講一定條件，地勢不能太低，避免洪水為患；也不能太高，造成供水和漕運困難，而講究平衡，也是堪輿概念之本。

總括來說，水的作用有三，每一項在國家層面而言都彌足珍貴：

㈠灌溉農田，原因已見上述；

㈡交通漕運，運載糧食物資。水路載量大，成本低，遠較陸路可取；

㈢天然險阻，防禦外敵進襲。河流充滿變數，不論步兵騎兵，進攻都存在風險，在冷兵器時代，特別管用。

風水上，西晉郭璞在《葬書》中提出：「得水為上，藏風次之。」風水雖然慣常並稱，然其先後次序、地位輕重卻不容忽視，一定以水為先。

「漢」字跟我們的關係極其密切，它是中國其中一個最強大的王朝，後來也是歷史上最多人取名的政權（約共十八個），甚至是中國最大族群的名稱，取名正源自漢江，而這簡單的一個「漢」字，其實已透出「得水為上」的道理。《尚書》中，「漢」字指銀河；《說文解字》中，它是「漾」字的變體，意思是滔滔不絕的流水。「漢」字都跟水有關，故從水部，也影響到許多漢文化，風水是其一。

為何是河圖洛書　不是山圖地書？

風水的定盤和推演，都離不開《河圖》和《洛書》。相傳還沒有文字之前，在黃河冒出了一隻祥獸龍馬，背上點數分別按東南西北中排列，由一至十，一六、二七、三八、四九、五十各自成組，稱之為《河圖》，據說獻給了伏羲氏，伏羲氏據此演成八卦，成《周易》來源；又在洛水中冒出另一祥獸神龜，背上點數以九宮方式排列，點數數字不論打橫、打豎或打斜相加，總數都是十五，就像數學的魔方陣，稱之為《洛書》，據說獻給了大禹，大禹依此治水，成功後把天下劃為九州云云。

《周易‧繫辭上》說：「河出圖，洛出書，聖人則之」，即據此而言。

西 北 南 東

南 西 東 北

● 龍馬（左）和神龜（右），命名反映了先民對動物神的敬仰，風水上的四神也是在這概念上的產物。

《河圖》中數字的組合陰陽相配，各有定位和五行所屬；《洛書》中以五入中，按數字排序會得出一個排列軌跡。一般把兩者交相運用，《河圖》先天，《洛書》後天，互為表裡，以《河圖》為體，《洛書》為用。

河洛出自龍馬和神龜的說法，當然只是託古，不足深究，只是我們不禁要問，為何要以皆從水部的（黃）河和洛（水）命名，而不是稱之為泰山圖或蜀地書？

相比於河流，山形和地勢的政治和軍事價值可能很高，但經濟價值到底有限，我們不妨備忘，夏商周三代國都，悉數建於黃河流域和它的支流包括整個河洛地區，在於這裡滿足到農業需求，河流用於灌溉，滋潤農地，等於也滋潤著文明的土壤。華夏文明正正發源於此，所以圖和書這些象徵智慧的產物便以黃河和洛水來命名，命理學上，五行中水主智，也實在很有道理。

為什麼一運屬水？

水是本源的說法，風水上也得到印證。

風水有一套劃分時間的方法，稱之為三元九運，每運各有一卦和一星管運。三元指上中下元，每元有三運，每運共二十年，即每元共六十年，三元合共一百八十年。每一運由一種五行主導，見下欄：

三元	九運	五行／卦／九星	最近年分
上元	一	水／坎／貪狼	1864-1883
上元	二	土／坤／巨門	1884-1903
上元	三	木／震／祿存	1904-1923
中元	四	木／巽／文曲	1924-1943
中元	五	土／（居中）／廉貞	1944-1963
中元	六	金／乾／武曲	1964-1983
下元	七	金／兌／破軍	1984-2003
下元	八	土／艮／左輔	2004-2023
下元	九	火／離／右弼	2024-2043

風水上，金木水火土五行中，把水列為代表整個系統啟步的一運，跟上述中國文明的起源呼應，這顯然不是一種巧合，而是準確觀察的成果，也是古人智慧的體現。水是生命源流，萬物得以孕育滋長，一直輾轉演化，其他四行元素相繼加入，最後構成一個三元九運的五行序表，五行之「行」本身就有行列的含義，代表著彼此之間的相生相剋都有固定的排列次序。這種風水設定，

亦普遍見於中國人的習性和觀念，認為任何事情都從一開始，我們常說的「從一而終」、「一元復始」都是出自《易經》。這是風水另一個組成部分，從對自然環境的觀察，衍生出的一種人文觀。中國現存最早地圖——放馬灘地圖，亦以河道為坐標。

以火作為這個序表的終結也別具深意，值得加以說明。火的發現（不管是一種自然界現象，或相傳由燧人氏發明），令先民不再茹毛飲血，懂得用火來烤炙食物，也可生火取暖，自此脫離原始生活，開始踏入文明階段，建立起禮法和秩序，把社會提升到另一層次。因此火主禮也主變動，意思是將舊有秩序打破，肇始新循環，火之後是另一個三元九運的開始，如此運行不息，而文明之「明」也與火之燃亮、光明相呼應。

鼎卦

革卦

《易經》共六十四卦，主變革的有鼎卦和革卦，也是成語「鼎新革故」的來源。鼎卦由上卦火，下卦風，革卦由上卦澤，下卦火組成，火在兩卦中都扮演操手的角色。

而在西方神話中，普羅米修斯（Prometheus）將火種傳入凡間後，人類像脫胎換骨，擁有了改變自然的力量，令世界出現翻天覆地的轉變。我們知道，神話儘管虛構，往往是基於現實的一種想像解讀，不會完全離地。火代表了 change，中西方都沒有歧義。

以水起於一運，以火止於九運，如是者生生滅滅，滅滅生生，此消彼長，構成一個永恆循環，道理與《易經》同源，其第六十四卦正是以火水未濟作結。

氣候和五行

中國幅員廣闊，面積廣達
963萬平方公里，南北緯度相
距近50度，東西經度差距更
達60度，跨越亞寒帶、溫帶
和亞熱帶，受到緯度位置和
季候風影響，氣候類型複雜
多樣，南北氣溫差別極大，北
方寒冷，南方溫暖；東方一帶
近海，屬海洋性氣候，潮濕，
有利植物生長；西方大片平

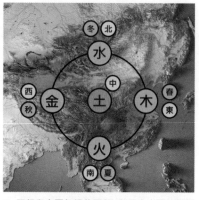

◉ 五行和中國氣候的關係，為配合中國地圖易於說明，五行圖方位對調。

原，深入大陸腹地，降雨量不足，屬大陸性氣候，長年乾旱。要
言之，東南西北氣候差別分明，各有定位；堪輿上，五行的屬性
恰與中國氣候一致：北方屬水，性寒；南方屬火，性暖；東方屬
木，利生長；西方屬金，主肅殺；中央屬土，主核心和基本，更
是饒有深意。著名學者費孝通在《鄉土中國》中首章便指出：「從
基層上看去，中國社會是鄉土性的」[04]，事實上自古中國人口八
成以上都是仰地而活的農民，中央位置屬土完全貼合國情。在中
國，五行的來源很早，《尚書·洪範》已有記載：「水曰潤下，火
曰炎上，木曰曲直，金曰從革，土爰稼穡。」五行是風水中的一
個重要組成元素，吉凶的轉變與五行生尅具有極大關係。

由此可見，不論是術數之本的《易經》或者堪輿，它的本貌自有
一套取諸於實際環境的準則，是一套事實陳述，並非憑空構想
和捏造，中間經過了整合和提煉，加以系統化和符號化。由於
鑿鑿有據，它到今天依然廣為流傳，只是後來流入江湖，人不
察其源，淪於玄之又玄罷了。

---

04 費孝通：《鄉土中國》第一章〈鄉土本色〉，香港中和出版社，2017年，第1頁。

先民的啓示

畢竟關乎生存，所有動物（包括人類）對棲息地都有嚴格要求。如前所述，上古先民的生活受周遭環境影響巨大，更加不能不細加思考和挑選，一些經驗總結下來，成為一種經得起環境考驗的集體智慧，體現在如何選擇棲息地之上。既然強調風水的出現與環境關係密切，要闡述風水理論，最可靠的做法，就是檢視一些先民留下的聚居遺址，從中找出風水的源頭根據。

◉ 一、河流環抱

距今六千多年的半坡村遺址和姜寨遺址，同屬仰韶文化時期，兩者都倚河而建，逐水而居，在以耕種為生的上古時代，這點很容易理解。要注意的是，他們同樣擇居在被河流包圍的那一面岸，這種選擇與地理因素有密切關係。

在河流的彎道處，受到離心力的影響，水流慣性向外沿沖刷，不斷侵蝕岸邊泥土，導致流失崩塌，釀成人命和財物損失。至於彎道內沿由於水流不均，沙泥沉積，土地變得肥沃，面積亦越來越大。可以想像，先民經歷了太多慘痛教訓，才掌握生存規律，既然河道內外差別巨大，於是紛紛選址在河道內沿的澳位之上。到國家形式初定，商朝中期之後定都安陽小屯村，面對洹河（即現在安陽河）呈環抱之狀，反映了擇居於河道內沿的觀念已經建立。至於另一種逐水而居的形式，即在兩條河流交匯之處，這種交匯點稱為汭，例如仰韶文化中的禹都陽城遺址（詳見鄭州一章）。

堪輿上，這種形勢稱為環抱水，意思是水流彎曲，像把居所環抱，視之為吉兆，它還有一個動聽名字，稱為「玉帶環腰」。事實上，先民都在追逐一個理想的生活環境，所謂風水堪輿，不過也是一種歸納，是一個格物致知的過程，它的初成就是跟環境共處的經驗和實踐，祈求趨利而避害。後來，隨著建築技術的進步，例如夯土的出現，中國宮城發展到初中期，城牆日趨穩固，已經做到滴水不進，堅壁清野，置身環抱水內沿避免河流侵蝕的需要早已歸零，然而不管是自然形勢還是人工開鑿，都城仍然保留著這種先民時代的設計，玉帶環腰得以穿越千年，原因是它已經演化為一種儀式性的信念和習慣，在討一個吉應，讓人覺得心安理得，是堪輿上由實際作用轉變為心理作用的一個明顯例子。以後歷代宮城，亦多參照此模式，包括東晉建康城、明南京城及北京紫禁城。

◉ 二、向中心圍攏

姜寨和半坡遺址另一個重要啟發，是村落之內民居並非散落各處，而是明顯有一個朝中心聚居的傾向。以姜寨遺址為例，分佈在東南西北的各個大房子，門口都面向居住區中央一幅廣約 1,400 平方米的廣場上，反映了早在先民階段，一種中心意識已經開始醞釀。一個村落最重要的腹地就在中央，村民在這裡聚集，商量重大事項，如果有人出任首領，也必然佔據中心位置來號召群眾，作用就像現在的中央廣場，地位凌駕各方，亦即由一個地理空間詮釋成權力的基礎，西方的古城就是按這個概念來興建，由中央廣場輻射開去。

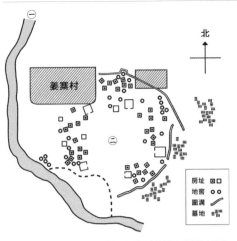

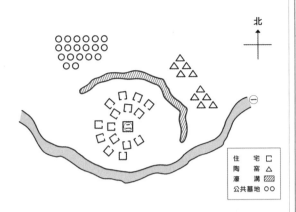

● 姜寨遺址，改繪自張禮智主編：《中國史前遺址博物館》，陝西新華出版社，2018 年，第 12 頁。

● 半坡遺址，改繪自張禮智主編：《中國史前遺址博物館》，陝西新華出版社，2018 年，第 16 頁。

至於半坡遺址，居住區中心建有一座明顯格外巨大的方形建築物，一般相信是民眾聚會或在上古時候具有重大意義的祭祀場所。及後，中國隨著國家觀念的確立，宮城置中的原則應運而生，打造「四方輻輳」式的政治。古代有一種地理區域劃分方式，稱為九州，但無論九州幅員怎樣廣闊，全國的首都只應在全國中心，中心之中有王城，王城中心有宮城，宮城中心就是統治者。權力亦按此方式層層遞進，集大權於中央。反之又可看到由中心向外擴張的趨向，著名的《弼成五服圖》和《周禮·職方》的九服制就是中央和王畿外圍的關係。

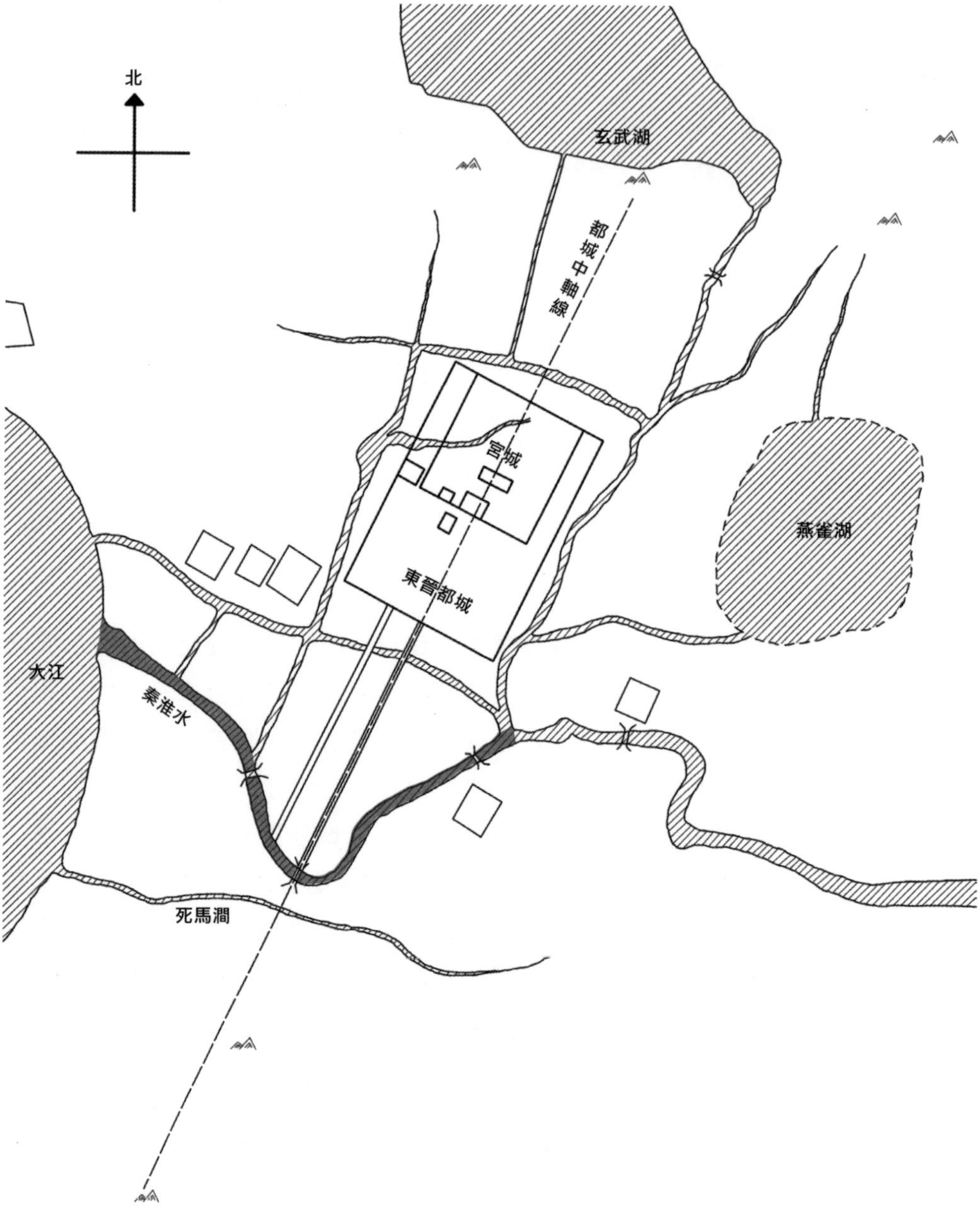

北

玄武湖

都城中軸線

宮城

燕雀湖

東晉都城

大江

秦淮水

死馬澗

● 東晉建康城

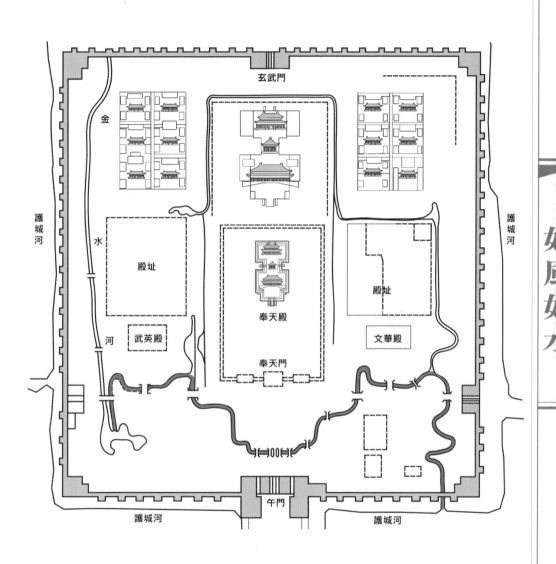

玄武門

金

水

河

護城河

護城河

殿址

殿址

奉天殿

武英殿

文華殿

奉天門

護城河

午門

護城河

◉ 明南京城

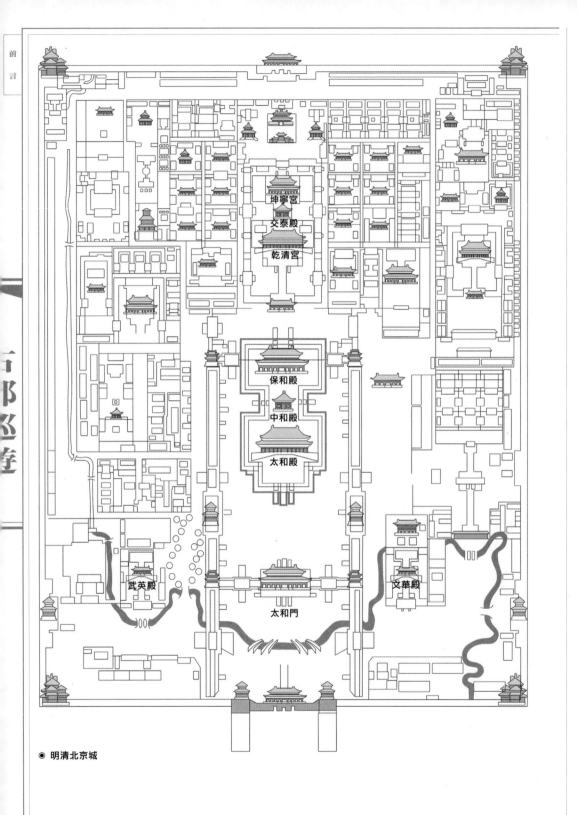

坤寧宮

交泰殿

乾清宮

保和殿

中和殿

太和殿

武英殿

文華殿

太和門

● 明清北京城

堪輿上，中央也是一個很重要的觀念。《河圖》中，以中間的土為核心，木金水土分佈四面；《洛書》同樣以中心的五為基礎，循環歸中作結。兩者的要旨與上述遺址佈局同出一轍。

至於具體操作，亦有所謂「中宮立極」，作為推演和運算的基礎：

「一天星斗，運用只在中央；千瓣蓮花，根蒂生於點滴。」（《玄空秘旨》）

《洛書》將八方及中央分為九宮，中央是牽動八方之首，各具不同涵意的數字循一定軌跡，圍繞中央飛躔，它的凌駕地位，不言而喻。中央又叫天心，將施之於人間的風水術數，以天來賜名，名字道盡玄機，心的意義，更毋須解釋。上述的做法稱為飛星，得出的盤，是推論吉凶的概念根據，由於不著痕跡亦不具象，所以稱為理氣，再配合肉眼可見、稱為巒頭的環境形勢，兩相兼察，判斷吉凶，概念跟《易經》的一陰一陽、一顯一藏相符。

◉ 防禦功能

進入氏族社會時代，族群開始為糧食和土地等自然資源互相爭奪，攻伐不斷，防衛的要求日益重要。考古發現，不論在姜寨或半坡遺址的村落，外圍一面都逐水而建，另一面築有人手挖掘的壕溝，通過天然和人工加固，以提供足夠的保護功能。以半坡遺址為例，這些壕溝寬約七至八米，深約五至六米，底徑約一至三米，全長達 300 多米，而且溝壁陡峭，不容易攀越，用於應付兩大敵人：一是外族和猛獸的侵襲，保障族人安全；一是洪水，壕溝疏導村落積水，消除澇害。由此可見，居室的防衛意識在國家觀念未確立前早已植入人心，選擇居地，需以妥善穩守為先。

至於堪輿，選址形勢上講求四神俱全，亦即青龍、白虎、朱雀、玄武齊全為理想格局。天上四維，大地四方，都有靈獸鎮守。四神圍合，堵塞了外面的窺視，能夠得享安寧。據東漢張衡《靈憲》記載，四神的出現相當早，相傳軒轅黃帝與蚩尤的大戰中，「蒼龍連蜷於左，白虎猛據於右，朱雀奮翼於前，靈龜圈脊於後，黃龍軒轅於中，則是軒轅一星。」四神護主，早已有跡可尋，難怪被借到風水護宅所用。四神的具體要義，將在另章論述，唯可強調，參照姜寨和半坡遺址的發現，說明人類會因應環境衍生出不同文化，文化又會反過來影響基因，在中國人身上，是追求安穩、退守、樂天知命的習性，並透過風水要旨反映出來。這跟中國書法收筆講求的藏鋒內斂，或中國書畫所表達的含蓄蘊藉，一脈相承，民族性也成為風水另一個組成部分，更恰可說明今天經常強調的風生水起、冒功邀賞，只是不察本源的俗見。

事實是不僅姜寨和半坡等遺址，幾乎所有上古村落都有上述特徵。風水理論的源頭，業已為人所昭示，只是未被察覺而已，只要懂得運用一般常識和加一點觀察，毋須專人解惑，便足以充分理解，心領神會，更反映了風水理論實實在在於古有據，把它說得玄之又玄，反而離真相愈遠，令風水蒙上不白之冤。

風水╳宮殿之學

中國歷朝制度不一，但總有一點相同 —— 均視謀逆為頭等大罪。政治原是你死我活的較量，所以統治者一般多疑，深恐大權旁落，皇位不保，而風水關乎自利，關乎固守、穩定和生存，正是統治者渴望的成果；尤其風水涉及天人觀念，採納風水，方便統治者把自己與天同論，乃天命所歸，有效加強在地管治的認受性，達到類似政治宗教的目的，唯我獨尊，不容批評和反對；況且，宮殿是有形的載體，通過佈局、用色、間距等建築形制，施之以禮制等級的觀念，突顯尊卑上下嚴格劃分，有助鞏固不容有失的治權。種種元素加起來，一俟國家觀念確立，機心處處的統治者便將風水留為己用，成為宮殿之學的一大元素。由夏商周開始，歷代統治者都深植篤信風水的基因，而且不斷加持，令風水成為王朝的顯學，在宮殿之學中擔當領銜主演的角色。

從下章開始，我們逐一發掘八大古都如何體現風水的觀念和施為。

【延伸閱讀】

《中國史前古城》一書匯集了夏商之前的中國著名古城遺址研究，旁徵博引，從近百個古城中探究中國建築文化的起源和流變，在其結論部分有幾點內容頗值得關注。第一點是「在山麓河濱選址」，列出了數以十計古城，引證中國城址多為政治或軍事中心，不是傍山、倚原、臨河，就是處於兩山之間或河谷之中。傍山地形險要，近河引水方便，與風水上強調環山抱水的原則同出一轍，要求天然險阻與滿足生活所需兼具，為風水理論源於實際環境下了一個很好的註腳。

另一個結論可視作第一點的延伸，就是城的作用 —— 加強防衛功能。前者強調的依山傍水是先天形勢，後者築建城邦是人為施工，文中指「城是大規模的永久性防禦設施，縱觀中國古代城市的發展，儘管其規模、格局與性能不斷發生變化，但軍事防禦始終為其主要的功能之一。」[05] 再看看風水的四神論，重點就是保護和防衛，一如前述，是一種守勢，貫徹中國人不求冒險妄進，攻掠四方的本質。

第三點是「城的形制以『方』居多」，同樣以大量古城為據，指城址形態雖然各異，但大致都經過由圓至方的過渡，總體來說以方形為主，相信是受到「『天圓地方』思想的影響」，支配著城邑的規劃設計。書中並引南斯拉夫學者婉娜·昔思察的說法，指人們很自然想要找到自己在宇宙中的位置，而人們對宇宙的觀念就是組成城市的基本觀點，即宇宙觀是城市建築的模型。事實上，不限於一般城址，「天圓地方」、「紫微」三垣等天道觀念，自秦代以後就成為宮殿建築的指導思想，也是堪輿理論的主軸之一。

05　馬世之：《中國史前古城》，湖北教育出版社，2003 年，第 207 頁。

女風女才

鄭州

言郡巡達

Chapter 1 ——
Zhengzhou

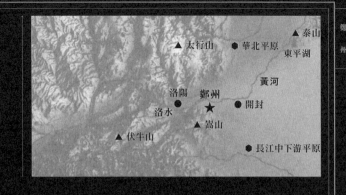

▲ 太行山　●華北平原　▲泰山
東平湖
黃河
洛陽　鄭州
洛水　★　●開封
▲嵩山
▲伏牛山
●長江中下游平原

★　在今河南省中部偏北，黃土高原與黃淮平原的交界處，位處全國之中，古代有「九州之中，十省通衢」之稱，西依嵩山，北臨黃河下流，直通幽燕（今北京），東面伸展至淮東和淮北兩淮，西面通往太行山等地。鄭州地處黃河、長江兩大河流之間，是典型兩河文明理論的中國古都代表，作為國家肇建之地，非此無因。

國都先行者

鄭州的價值，在於它是中國由原始氏族社會走向早期國家觀念的所在地。相傳這裡是黃帝的出生地，黃帝為《史記》中五帝之首，也是古代華夏部落聯盟的首領，經過連番征伐，統一了中國，都於鄭州，因此此地又被稱為黃帝之都。

後來禹打破禪讓制度，傳位於兒子啟，是為中國家天下的開始。國都作為代表國家主權的象徵城市和中央政府所在的首要行政中心，地位舉足輕重，夏朝既然是中國歷史上第一個王朝，必然率先觸及如何經營一個國都的問題。

京師的定義

國都，古稱京師，據《春秋公羊傳》桓公九年：「京師，天子之居也。師者，眾也；京者，大也。天子之居，必以眾大之辭言之。」意思是京師作為天子的居所，地方要大，容納的人要多，規模一定要恢宏壯闊。這裡涉及到建都的條件問題，包括地理因素、經濟因素以及軍事因素。

宏觀來說，選址建都之處需具有其他地方無可攀比的優勢；微觀來說，這個建都之處本身又要具備充足條件建設都城。

上述選址條件，以後歷代都城一律通用，只是隨時代改變、形勢有異而落戶不同。

那麼鄭州憑什麼成為中國第一個統一王朝的首都？最大的優勢，當然是其置身古代中原地區的中心，呼應上章姜寨和半坡遺址向中央圍攏的特點，尤其是國家觀念和制度正式確立後，天下共主入住的宮室，已經超越了房屋的功能，升格成為一種展現威權和地位的象徵。國都的選址，要能夠創造凝聚力，貫徹「四方輻輳」的格局，突顯中央與外圍之間的從屬關係，佔據了中央的位置，就能引來服膺中央的追隨者，達到建都的目的；而且憑藉地利，各個地區文化得以在這裡交流碰撞，孕育一個國家獨特的涵養，孔穎達說：「中國有禮儀之大，故稱夏；有服章之美，故稱華。」（《春秋左傳正義》定公十年）鄭州便是著名的仰韶文化所在，符合上述宏觀條件；其次是鄭州貼近黃河，既得天險捍衛都城，而且土地肥沃，漕運便利，經濟條件十分優越，微觀因素亦得到滿足，於是榮膺宮殿之學的序章。

夏朝從一開始就以中央大國自居，率先體現國家都城居中的觀念，在政治上開始注重禮節，亦即突出尊卑上下的身份之別，而鄭州在宮城選址和宮殿佈置上，具有領導性和指標性作用，儘管規模還在草創階段，影響力絕對不能忽視。事實上，後來在其他古都上所展示的主要原則，都能在鄭州上找到身影。

禹都陽城

又稱王城崗古城，相傳夏朝開國君主夏禹在此登封，一般相信是中國有史以來第一個都城，建於約公元前 4000 年。

禹都陽城位於嵩山山麓的一個小平原之上，三面環山，發源於少室山的潁河從西北面流來，在這裡與來自北面的五渡河匯流，稱之為「汭」。城址分為東西兩城，二者緊靠而列，西城較東城大，中間共用一堵城牆，總面積約共一萬餘平方米。西城高，東城低，一說同時並建，一說略有早晚，東城毀而後建西城；城內建築已被旁邊的五渡河沖毀，目前僅餘約 30 米南面城牆和 65 米西城牆南段。陽城內首次發現夯土建築的基址和城牆，還有陶文和青銅器等殘片。所謂夯土建築，是把沙、碎石及粘土按一定比例混合，壓縮進一個模板或模具，製成磚塊作為牆壁，鞏固程度自然較茅茨土階的建築優勝。有了夯土技術，馬上用之營建都城，反映安全和防衛是人的本能需求，這正正也是風水要旨所在。

禹都陽城的大局選址，有兩點不能忽視，包括：

一　逐水而建。早在仰韶文化氏族時期，人們明顯已選擇聚居於澳位或汭位之上。踏入國家時代，生存和防衛需要更加吃重，禹都陽城明確確立選址需近水源的原則，影響之大，以後歷朝歷代莫不皆然，原因茲不贅言，唯可知《葬書》稱：「風水之法，得水為上」，根本語帶雙關，既是風水的要訣，也是現實世界的守恆定律。關乎生存和發展，一些國家甚至賦予河流神聖的地位，等同宗教信仰，誠心向之膜拜。

從堪輿的角度，水是龍的血脈，凡看大局，先以水尋龍，兩水之中帶氣，氣聚需水融注，構成理想的生活環境，所以風水中對「水」格外看重，衍生出種種「水法」，判斷各種河流流向對居住地的影響，其大用之處，是作為都城選址吉凶的標準。

北

五渡河

大城　小城

八方

汭位

西北來水

潁河

■ 夯土	---- 小路
□ 古城牆	=== 大路
//// 古壕溝	—— 溝坎
□ 發掘區	—— 河流

● 王城崗遺址平面圖

　　西北來水。既然以得水為上，水的源頭猶如來氣，更不得不重視。潁河是淮河最大支流，從西北向東南，流經河南省登封和安徽省阜陽等地，河長 620 公里，禹都陽城即位於潁河上流，符合「古之帝者地方千里，必居上游」（《史記‧項羽本紀》）的原則，而西北方來水在堪輿上更具有特殊意義。

如風如水

◉ 王城崗位於潁河上游，合乎「西北來水」。

中國八卦，分為先天和後天，先天乾坤二卦在南北，後天乾坤一在西北，一在西南，這裡只談後天乾卦。乾在《易經》中，為天、為首、為君等，也是六十四卦之首，地位舉足輕重。我們要問《易經》六十四卦，何以乾卦獨受青睞？正如在前言中指出，筆者以為此與中國地理大形勢有關。

◉ 中國傳統以北為尊，從帝王視點出發，故北在下南在上，跟今天地圖方位配置恰好對調，為配合中國地圖易於說明，此後天八卦方位對調。

風水作為中國地理文化的產物，跟現實環境密不可分。中國幅員廣袤，以中原為中心，整體地勢西北高東南低，分佈著三層階梯，大西北的青藏高原平均約高 4,500 米，這裡是世界屋脊，橫亙著一系列巨大山脈，包括自古以來被譽為神山的崑崙山，由此向東輾轉而下，降至約高 2,000 米的黃土高原，再一

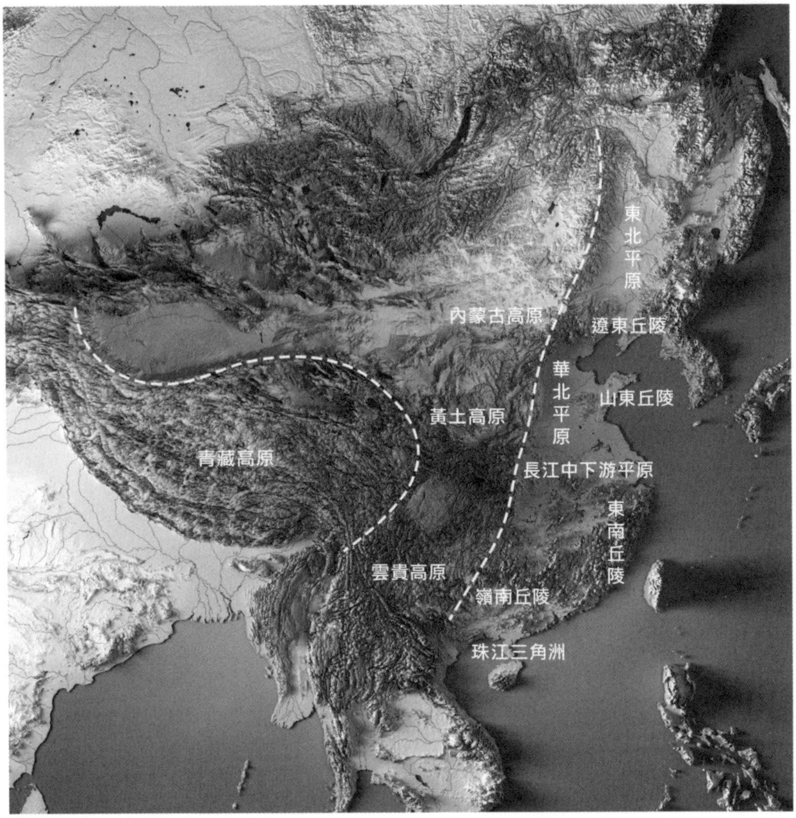

東北平原

內蒙古高原　　遼東丘陵

華北平原　山東丘陵

黃土高原

青藏高原　　　　長江中下游平原

東南丘陵

雲貴高原　　嶺南丘陵

珠江三角洲

如山如水

路斜走到華北平原和東南丘陵等地，因此黃河、長江、淮河、海河和錢塘江等境內江河，不約而同都是橫向河流。中國傳統以天為尊，我們說的高山仰止，總是懷著敬意，我們要知道，中國傳統文化中，山和仙具有特殊聯繫（看字形便知），崑崙是山，仙道也從來緊扣著山，華山道觀、峨眉山金頂等例子不勝枚舉。崑崙山所在的西北山勢高若攀天，理所當然被賜予尊位，這樣做才符合中國山河大局，也是風水要旨源出自然環境的另一例子。換句話說，在後天八卦上，非因乾而納西北，實因西北才納乾，乾得以西北為尊，此等主次從屬的文理必須清楚釐清，才能真正了解堪輿道理。

風水另一經典典籍《天玉經》中稱：「乾山乾向水流乾，乾方出狀元」，認為這是能出通都巨邑等大局的山水走向。若我們從中國的地理形勢出發，自然瞬間心領神會。

值得一提的是，中國歷史強調家天下，國與家一直存在對應關係，由夏朝至清朝，歷時雖長達三千年，這觀念竟與時日俱存。清朝有一半皇帝不愛住在紫禁城，而卜居於圓明園，那裡格局正是西北高、東南低，身體力行告訴天下人，我的國就是我的家，我的家就是我的國。

至於禹都陽城的整體規劃還在摸索階段，欠缺明顯法度和準則，勉強可辨的只有一個南北坐向的角度，但並無我們熟悉的完全方正和中軸線觀念。畢竟規矩禮制等文化建立需時，按照古都的發現，要由夏朝到周朝，歷經數百年才逐漸發展成熟。

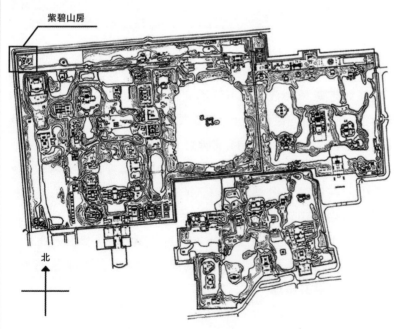

紫碧山房

北

● 紫碧山房位於圓明園西北隅盡處，景觀以人工山地為主，寓意中國西北的崑崙山。

鄭州商城 —— 三重城垣的結構見雛型

夏朝滅亡，商朝興起，鄭州憑藉顯著的地理優勢，未有因改朝換代失寵，繼續成為商朝都城，順理成章稱為商城。新都位於禹都陽城東北面，夾處在金水河和熊耳河之間，再次貫徹選址偏好在汭位的大原則。

據中國社會科學院考古研究所資料，鄭州商城規模較王城崗為大，展現出一個全國首都應有的氣派，佈局上初部已有宮城、內城、外郭三重城垣的結構。言則什麼是城？什麼是郭？《吳越春秋》說：「築城以衛君，造郭以守民。」城，用來保衛國君；郭，用來守護人民。對象儘管不同，防守的性質一致。

城和郭層層相扣，具有完整防禦功能。宮城位於內城，然而未見後世常見居中的規劃，反而建在東北隅，相信是為了遷就城北紫荊山地勢較高的自然環境，因地制宜的結果，居高臨下有利盱衡全局。

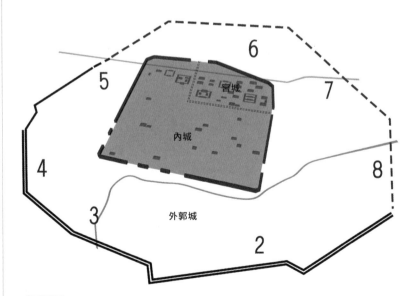

◉ 鄭州商城

內城大致呈長方形，四周建有由夯土築成的圍牆，考古結果發現，東城牆長約 1,700 米，南城牆長度相若，西城牆長約 1,870 米，北城牆長約 1,690 米，總面積達三平方公里。有評論稱，以此建築規模對應當時的生產力，不啻是一項浩大工程，假定每天以約一萬人參與建設，至少也要四至五年才能竣工，如此大費周章、勞民傷財營建國都，其重要性自不待言。內城為六門三街式格局，南北各設一門，東西二門，名稱為後世所加，並無文獻記載，更未有朱雀、玄武、青龍、白虎等命名，而若將宮城移入置中，則會構成一條日後宮城規劃嚴守的中軸線。

至於外郭大概呈近似圓形的不規則八邊形，城牆從東部的鳳凰台高地開始築起，連接南部的二里崗、杜嶺等丘陵高地，西面則以螺蜆湖等湖泊作為天然險阻。儘管在西北部和北部沒有發現城牆，但估計這些地方應該一如姜寨遺址等，有壕溝或河流湖泊等人為或天然的防禦障礙，全方位圍攏內城及宮城，周密拱衛，達到保護城內性命和財產之目的。

上段禹都陽城談得水為上，鄭州商城可談藏風次之。

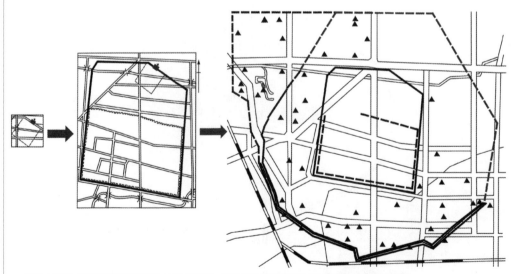

◉ 經考古證實，鄭州商城最早興建為小城（宮城），然後依次興建方形內城，再到近似圓形的外城。

半坡和姜寨遺址中,利用天然河流和人工挖掘的壕溝組成屏障,至鄭州商城首見三重城垣結構,增強防禦力,衛君守民。水的源頭和灌注固然重要,然而水帶來的生氣亦要懂得保留,才是長治久安之道,藏風的意思就是為了防止給刮起的風四吹,導致生氣外洩,所以四周要有自然山嶺包圍,左衛右護、前仰後靠,提供外圍保護;近距離也要不惜付出高昂代價築起城垣,務求做到內外交疊,得保萬全。通過古代都城遺址,再次證明風水的初念在藏不在揚,在守不在攻。

王朝語言的第一課

禹都陽城沿潁水而建,做到「得水為上」,而且源頭在西北,符合中國的地理形勢大局。鄭州商城城垣緊扣,做到「藏風次之」,若將外郭與內城對照,彼此既是外圓內方的佈置,也是內四(方形)外八(邊形)的格局,呼應外圍四面八方的空間規劃;宮城正在內城之中,形勢逐步向內推進,鄭州商城居於天下之中的象徵意義呼之欲出,突出中央權力凌駕八方。上述總結,活脫就是以後中國宮殿選址和建築形制的楷模,反映出一套王朝語言在夏商時代已經開始成形。

密陽

古都巡禮

第二章

Chapter 2 ——
Anyang

★ 在今河南省北部，太行山東側中部偏南，距鄭州約178公里，全市面積約七千多平方公里，地勢西高東低，毗鄰洹漳（洹河和漳河）流域，其中洹河（今安陽河）流經市境北緣，淇河、湯河、衛河則流經境內，安陽市西北面是著名的殷墟遺址所在。

商朝君主曾多次遷都（一說七次，一說九次），每次皆不離黃河及濟水等河流兩岸。直至商朝中葉，國勢開始衰弱，王室紛爭不斷，當時的統治者盤庚嘗試藉著遷都扭轉局面，將都城由奄（今山東曲阜）遷至北蒙（今安陽小屯），此舉亦令安陽歷史留名，成為八大古都之一，以後商朝一直定都於此，直至滅亡，共歷273 年。

商滅時宮殿被焚，貴族平民和奴隸皆被擄，宗室財物全毀，一朝國都淪為廢墟，故又名為殷墟。

水孕育了國都和文化

安陽作為古都的第一重意義，就是延續了國都逐水而建的觀念和舉措。

安陽的西部是丘陵地帶，崗巒起伏，東部是洹漳沖積平原，土壤肥沃，地勢和緩平坦，是耕種的理想地方，國家生計問題得到解決，具文化價值的產物開始萌芽，例子有我們熟悉的甲骨文。

甲骨文研究價值極高，普遍視為中國最早期自成體系的文字。1899 年，安陽小屯村一帶的農民在農田撿到龍骨（牛肩胛骨和龜骨）賣給中藥舖，有人發現上面刻有文字，經學者的搜集和研究，確認為用於卜筮的商代甲骨文，後來陸續發現了十多萬片刻有古文字的甲骨和大量遺蹟遺物。甲骨文的價值是，在它未被發掘之前，商朝不管在文字和古物上，還是一個缺乏信史的時代，甲骨文的出現，一併彌補了兩者的空白，刻劃出初見於中國的國家觀念、人民意識和對天命的認知，彌足珍貴。而堪輿作為中國文化的一部分，尤其在生死意識上，從商代也開始得到長足發展。

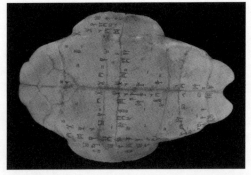

◉ 甲骨文

「六千年不斷代村落文化」

漁洋村坐落在安陽的小屯村北面，地勢高曠，背山近水，是人類進入農耕社會後理想的居住環境，無怪乎到處也是文化遺址。

「無論誰家犁地、蓋房子我都會去，總能翻出點什麼。」號稱漁洋村「土博士」的龍振山說。這條村是中國考古史上著名的文化遺址，竟然在面積不到四平方公里的村內找到眾多古老文物，真正俯拾皆是，二里頭、龍山文化和春秋戰國時期的遺物在村的西北；殷商時期的遺物在村的北面；仰韶文化以及三國、東漢和東魏北齊時期的遺物在村的東北。漁洋村小博物館內有陶片、卜骨、石器、陶紡輪、陶魚墜、骨箭頭等，總數多達三千多件，貫穿由上古時代至清朝的足跡，罕有地體現出六千年不斷代的村落文化。

延續夏朝選址原則

環顧整個安陽形勢，蜿蜒彎曲的洹河（今安陽河）從西北流向東南，儼然是夏朝禹都陽城的翻版，中國歷史兩大古老都城，選址不約而同地一致，這不是一種偶然，而是配合中國地理形勢的必然。中原地帶西北高東南低，河流亦一定沿此走向，都城選址需配合大局，亦以此為依歸，久之成為一種共識，滲透入風水理論當中，成為教科書式的指導思想，通都大邑需以西北為來氣源頭。風水呼應中國的天然形勢，安陽又是一例。

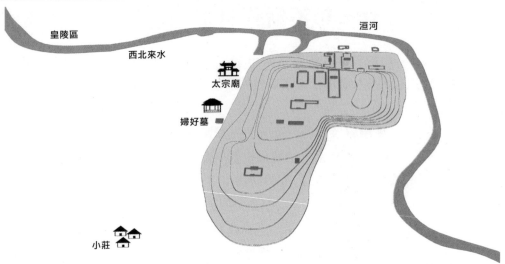

● 殷商古城地形圖，參考劉敘傑主編：《中國建築史》第一章〈古代建築發展概況〉，中國建築出版社，第5頁。

其次是洹河兩岸迢長路遠，商朝的宮殿區獨獨選址在河流南面向北突出、地勢稍為高曠的澳位之上，也顯然是一個經過客觀評估的決定。河流呈環抱狀包圍著宮殿區等主要建築群，跟上文半坡和姜寨遺址一致，能夠避免因河流外沿沖刷而崩塌；而且踏入國家階段，攻伐日趨頻繁，倚賴河流作為天險，有助增強防禦力，也合乎堪輿的保守初衷；至於王陵區則設置在洹河北面，與宮殿區隔岸遙遙相對，反映了傳統中國人早已認定生死有別，應當劃清界線，在堪輿上的體現，就是我們常稱的陰宅和陽宅。

◉ 生死有別　陰陽異路

「夏尚忠，商尚鬼，周尚文」（《漢書‧董仲舒傳》），商人幾乎凡事都求神問卜，許多甲骨文原是刻在獸骨或龜甲上的卜辭。商人除一般以動物獻祭之外，甚至熱衷人祭，包括活人，像 𡘲 字，上面胸口特寬，代表有殘障的人，以此為犧牲品來求雨；又如 𡗗 字，是一個人字，兩手揮動有花的枝條，將殘障者燒死。據統計，商朝記載人祭的卜辭甲骨多達 670 多片，卜辭 1,992 條。商人相信死後有另一個世界，因此有意識地將死人和生人居住的地方區分出來，各據一方，不能混居。這種觀念亦見諸堪輿之上，太極圖就是一幅示意圖，解釋一陰一陽的二元論，安陽殷墟中間彎曲的洹河，好像太極圖中央的分界線，陰和陽，生和死，既對立亦包容。

若以殷墟遺址推斷，今日堪輿上陰宅和陽宅的觀念，很可能出自商代。先人墓葬之處，稱為陰宅；生人居住之處，稱為陽宅。風水的最終目的，是為活著的人服務，就陰宅而言，雖然逝者已矣，但基於「養生送死」、「慎終追遠」的傳統，亦相信若先人安葬得地，可以庇蔭後人，所以對中國人來說，陰宅的意義遠多於一個埋葬屍體的地方，必須用心經營，於是演化出一套安葬法則。

當然，畢竟生死有別，對陰陽二宅亦要求同中存異。大概而言，兩者都是一個「居地」，宜有靠山有護砂，不宜孤峰外露，前面亦宜有兜收；只是陰宅供先人安息，所以宜靜宜虛宜隱，陽宅生人仍然在世，所以宜動宜實宜現。

◉ 來水有情　去水有意

中國人看待天地萬物，往往寄託了一份擬人的自然觀，總是認為它們帶著靈性，具有生命和生氣。山巒間的起伏，視作龍的潛隱和飛蹤；四季氣候，象徵煥發、慷慨、肅殺和凜冽等情狀；甚至一條河流，也有有情和無情之分。水流彎彎曲曲，水勢趨於緩慢，作不捨之狀，視為有情；反之，若水流筆直，形如沖射，便視之為無情，怕一旦來水湍急，便因欠缺緩衝力量，造成巨大破壞。

水對擇居之地影響重大，既有利於農事和防禦，亦帶來淹沒風險，於是古人對水的功用利害和流淌形勢十分講究，總結成為諸多論說，稱之為「水法」。明末蔣平階《水龍經》稱：「自然水法君須記，無非屈曲有情意，來不欲沖去不直，橫須繞抱及彎環。」水法在鄭州一章初次提及，現藉安陽之例進一步多談。

古人以選址於河流三面環繞為吉，風水上稱為「金城水抱」，「金」是五行中的「金」，取象其圓形，「城」則取喻水之環繞，容易形成蓄聚效果，故有水城之稱；水流形狀如冠帶，所以又稱「冠帶環腰」，安陽選址之地，正是如此形勢。與之相反，連串以反字為名的「反飛水」、「反跳水」、「重反水」、「反弓水」等均視為凶地，不利養生安居。

從姜寨、半坡遺址到安陽小屯村的例子說明，宮殿首選在蜿蜒

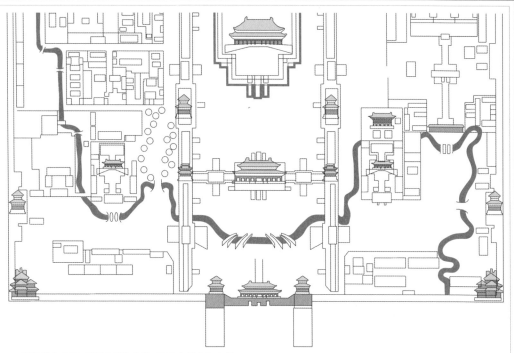

◉ 紫禁城金水河，呈彎曲環抱之狀，風水上視之為有情。

曲折又呈環抱狀的水流旁興建，這個觀念從氏族社會完整過渡
到早期國家體制，更寫進了風水的教材中。前章談及風水是世
界文化，本章論及的「水法」可作旁證。據統計[01]，中國大型和
中型河流多達四萬五千多條（小河流更不計其數），風水作為應
對環境的生存之道，「水法」應運而生；反之，若人們活在另一
國度，例如荒漠千里的塞外，他們的「風水之道」極可能是如何
適應乾旱環境和躲避風沙吹襲，以至其他地方亦各有考量，即
如前言所說，各地有各地的風水，因為它是人類的普遍訴求。

01 2010 至 2012 年進行的第一次中國水利普查，流域面積 50 平方公里以上的河流，總長度
　 為 150.85 萬公里。

宮殿之學的雛型

考古學家在現今安陽小屯村的位置發現了夯土建築遺址,主要建築群大致可分為三組,分佈在北中南三區。根據《中國建築史》描述,等高線(contour line)顯示北區地理位置最高,緊貼洹河轉彎處,基址共有 15 個,即圖中甲一至甲十五位置,建築形制並不一致,有方形、長方形和四字形,基址下沒有發現人畜葬坑,推測是王宮居住區,也是平日處理朝政的地方。選址居高臨下,俯瞰全城,能起高屋建瓴作用,令人推測當時已經有藉著興建高大王城突出皇權威嚴的思想。宮殿必然帶有皇帝屬性,掌握了制高點,感覺高高在上,享受睥睨眾生的征服感。

此外,亦有研究指出,甲一至甲十為寢區,甲十一至甲十五為朝區,若此說屬實,則商朝已經有前朝後寢的區分,到《周禮·巧工記》確立為建設都城的原則,嗣後一直影響著後世的宮殿佈局。王宮建築受東面小山嶺突出的地理形勢所限,無法做到傳統坐南向北,只可作東西向排列;中區基址佔地廣闊,即圖中乙一至乙十九位置,規模龐大,作庭院式佈置,軸線上有門址三進,軸線最後有一座中心建築,基址下有人畜葬坑,門址下則有持戈、持盾的跪葬侍衛五六人,相信是商王朝廷和宗廟部分;南區明顯所佔範圍較小,建造年期亦較晚,作軸線對稱佈置,牲人埋於西側,牲畜埋於東側,推測主要用作祭祀場所。

不過,跟夏朝相同,由於商朝的宮城設置始終還在初建階段,還沒有釐定固定的一套建築佈局形式,制度上比較自由,到周朝才有所改變。

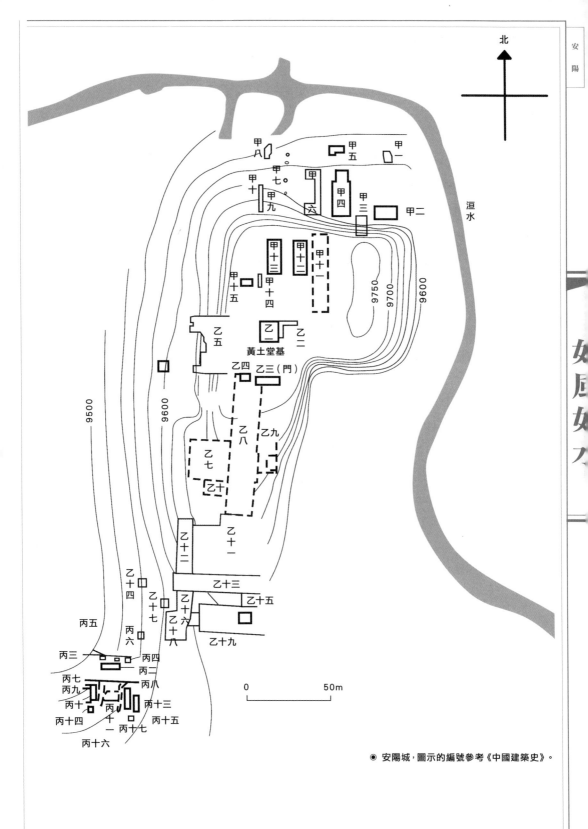

甲八　甲五　甲一

甲七　甲
　　　甲四
甲十　　甲六　甲三
甲九　　　　　　甲二

洹水

甲十三　甲十二　甲十一

甲十五　甲十四

9750　9700　9600

乙五　　乙一
　　黃土堂基　乙二

乙四　乙三（門）

9500　9600

乙八　乙九

乙七

乙十

乙十二　乙十一

乙十三

乙十四　　乙十五
乙十七
丙五　　乙十六　乙十八
丙六　　　乙十九

丙三　　丙四
　　丙二
丙七　　丙八
丙九
丙十　　丙十三
丙十四　丙十　丙十五
丙十一　丙十七
丙十六

0　　　　50m

● 安陽城，圖示的編號參考《中國建築史》。

最早的中軸線

隨著長安崛起，安陽在商朝後一直遭受冷待，直至魏晉時才
「東山再起」，靠的是一條中軸線。

隋唐長安城給我們一個印象，就是宮城位處中央或正北，然
後必有一條中軸線將都城劃分為兩個對稱的區域。但這種做
法，不自隋唐開始，而是來自位處安陽附近的曹魏時代鄴城。
曹魏不是一個統一王朝，國祚短促，城主曹操的梟雄形象亦毀
譽參半，但都不減鄴城在宮殿建築史上的地位。鄴城輪廓方
正，分區明確，東面建春門和西面金明門之間的大道，將鄴城
一分為二，統治者所在的宮城在城北，官署居宅在城南，有一
條分明的南北中軸線自南而北正對宮城，著名建築學家傅熹年
認為這是中國歷史上第一個輪廓方正，分區明確，有明顯中軸
線的都城 [02]。

02　傅熹年：《中國古代建築概說》，香港中和出版，2018 年，第 7 頁。

宮殿的上層建築

鄴城呈長方形，東西約長 2,400 至 2,600 米，南北長 1,700 米，共有七座城門，南面三座，均以陽為名，左起鳳陽門、中陽門和廣陽門，呼應南方離卦屬火，為陽明的意思，數目亦屬陽數；北面開兩門，數目陰數，分別是廄門和廣德門；東面和西面各一門，稱建春門和金明門，東方季節為春，西方五行為金，城門佈置悉數充滿陰陽五行學說的影子，史書說曹操喜「召引方術之士」，按此觀之，不失可信。

曹魏以前的秦漢宮室，存在一條「虛軸」，意思是雖有軸線存在，但並不明確，宮城設計亦欠明確規則，分別採用了多宮制和兩宮對峙（後章長安和洛陽將會詳細述及）方式，欠缺萬目灼灼下天子宮殿應有的聚焦點，而且百官衙署和民居散佈各處，佈局亦失諸鬆散。

至曹魏鄴城，正式劃下一條中軸線，曹氏父子主理朝政所在的文昌殿是線上唯一的建築物，地位不言自喻，自此亦令中軸線具有非凡意義。中軸對稱，左右一致，方正佈局，秩序感油然而生，對統治者來說，容易統籌和管理。最重要的是，中和方正的設計可以昇華至禮制的層面，符合儒家強調中庸的思想，更易令漢以來受儒學薰陶的臣民服膺，切合帝制標尺需要。後來廣受傳頌的隋唐長安城，佈局的重點與曹魏鄴城幾同出一轍，規模更為宏大，一條名為朱雀大街的中軸線廣為人知，再看以後的宋元明清宮殿，蕭規曹隨，堪稱千古惟中，曹魏鄴城承先啟後的作用更不容忽視。

中軸對稱的觀念不是建築規劃的專美，也廣泛見於其他彰顯皇權的範疇，例如我們看中國的繪畫，皇帝造像完全正面，兩旁耳朵齊見，左右對稱，目的是要讓人知道皇帝兼聽則明，不偏頗不袒護，至於現實是否這回事，也沒有人敢多問。

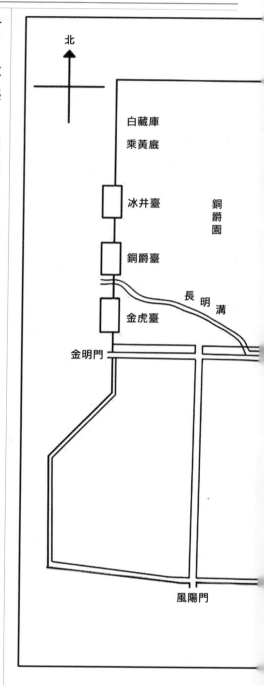

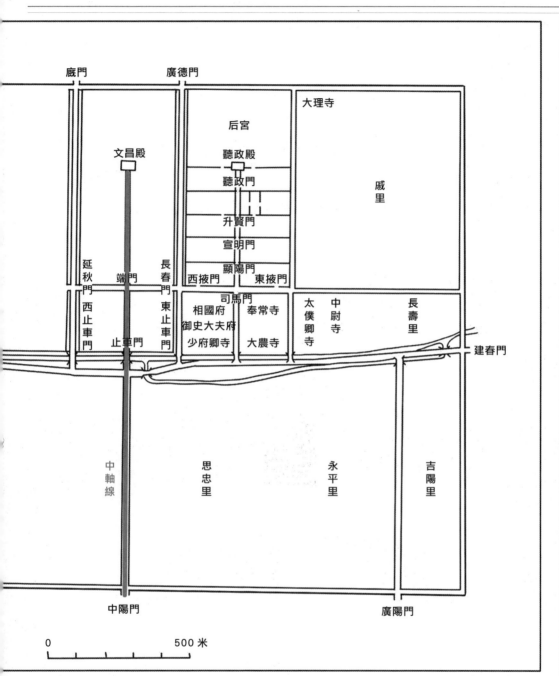

● 曹魏鄴城

0　　　　　500 米

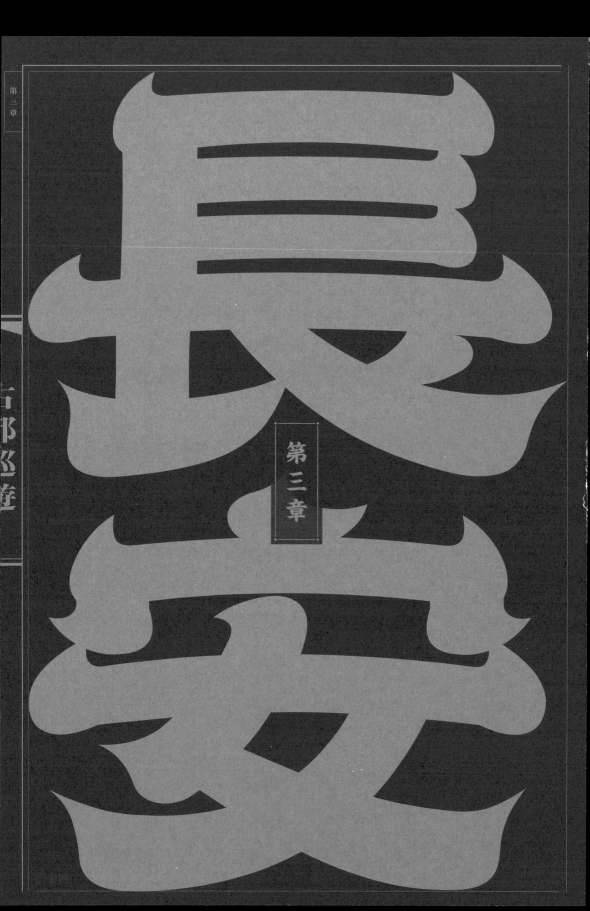

長安

第三章

Chapter 3
Chang'an

★ 位處黃土高原東南部，踞於黃河中游、渭河中下游地區，北臨渭北山脈，南倚秦嶺連綿崇山，西起隴坻，東面幅員尤其遼闊，寬約三四百里。整幅廣袤土地，稱之為渭河平原。而在四面關險之處，分別建有蕭關、武關、散關和潼關，長安在四關之內，所以又稱為關中。

秦中自古帝王州

長安名字大氣又好意頭，原本只是關中一條村落的名稱，能躋身歷史舞台，進而成為千年古都，與它的地理優勢關係甚大。看中國的歷史，夏朝雖然號稱家天下的開始，但畢竟只屬國家制的萌芽階段，統轄範圍限於京畿腹地，幅員狹小，京畿以外的領地僅通過封邦間接控制；商朝情況相同，還未涉及地理大格局的問題。到西周建國，疆域逐漸擴大，選址建都需從大範圍考慮，這時候，長安憑藉先天地理優勢，開始進入統治者視野，到秦統一天下，長安正式挺進古代都城歷史的全盛時期，是十三朝都城所在（見附表），漢唐之際到達顛峰，甚至化身中國國都的代名詞。

中國定都長安十三朝	
統一王朝	西周、秦、西漢、新莽、隋、唐；
割據政權	前趙、前秦、後秦、西魏、北周；
末代皇帝	東漢獻帝、西晉愍帝。

天然險阻呼應四神

讀歷史的人都知道，建國之路無比艱辛，王朝一朝建立，便希望千秋萬代，因此安全永遠是新王朝建都的首要考慮，南宋鄭樵《通志‧都邑序》：「建邦設都，皆憑險阻。」渭北山脈、隴坻、秦嶺氣勢恢弘，山形挺拔，形勢險要，圍繞長安北西南三面，構成巨大天然險阻，為王朝築起第一道難以逾越的防線。內緣這片稱為四塞的關中之地，僅「網開一面」，從渭河直出關東，再遠至中原，利固守又不至完全孤立，因此被認定是王朝的霸業根基，秦末楚漢之爭，約定先入關中者為王，就是這個道理。

鄭樵之言，與風水中的理想格局要求一致。

《周易・象傳・坎》稱：「地險，山川丘陵也，王公設險以守其固。」要守其固，拱衛不能或缺。前言提及，古人長年仰望星辰，得出三垣二十八宿的結論。

二十八宿分佈四方，分別由北玄武、南朱雀、東青龍、西白虎統屬。

玄武——五行屬水，代表北方，龜蛇合體，取象安穩和長久，鎮守後方，一般視之為靠山；

朱雀——五行屬火，代表南方，一種火焰鳥，取象騰飛，充滿生氣。風水上，前方明堂需開闊，但不可無制，避免朱雀飛走，稱之為束氣；

青龍——五行屬木，方向在東，性質偏文，取象生長、喜慶。青龍喜騰雲駕霧，遨翔邊際，地勢宜高宜蜿蜒；

白虎——五行屬金，方向在西，性質偏武，取象肅殺、兇猛，故應當低緩馴伏，俯首貼服，地勢宜低宜短促。

四神的意義在於拱衛和連繫，保護中央的紫微星垣。基於「法天象地」的原則，地上山川形勢亦按此天星分佈來理解和劃分。

風水上，常見賦形以象，引類譬喻，如北面由祖山至少祖山謂之
玄武，稱為靠山；兩旁左右圍攏謂之青龍白虎，青龍又稱左輔、
左肩或左臂，白虎亦稱右弼、右肩或右臂，目的是起護砂作用；
前面謂之朱雀，迎來生氣，即明堂。要言之，理想的風水格局是
三面環山，一面向水，構成山環水抱之局。此等龍砂水穴以外，
最好還多一重外護，形成環環相套的多重封閉空間，藏風聚水
加固再加固，與理想的都城選址強調設險防衛以穩守的理念一
脈相承。

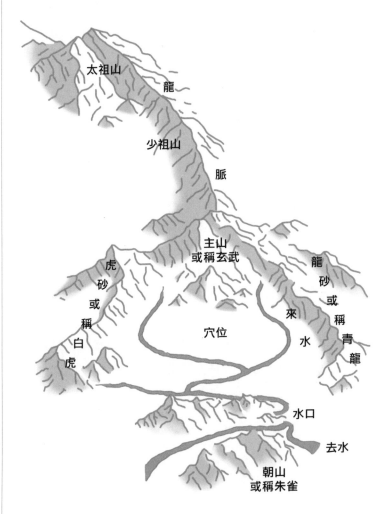

● 穴位與青龍、白虎、朱雀、玄武

八水繞長安

長安不僅周遭形勢挺拔險要，而且資源豐富，土地肥沃，位處水陸交匯的關中平原，水源充沛，素有八水繞長安的說法，指渭、涇、灃、澇、潏、滈、潼、灞八條河流，一併流經長安城。八水之中，渭河匯入黃河，其他七水最初原本各自匯入渭河，後來儘管隨著時代變遷，河流匯合有變，但始終不改八水繞長安的格局。風水上，河流稱為水口，是生氣的具體形態，作用猶如一個地方的生命線。八條河流，八大水口，生機勃勃，唐朝的《都天寶照經》上章專談風水大格局，稱：「水口亂石堆水中，此城出豪雄」，「水口羅星鎖住門，似大將屯軍」，進一步詮釋了水口的作用，能做到來水去水之間關鎖開閉得宜，便能成就通都大邑。長安城得八水圍繞，優勢更不待言。

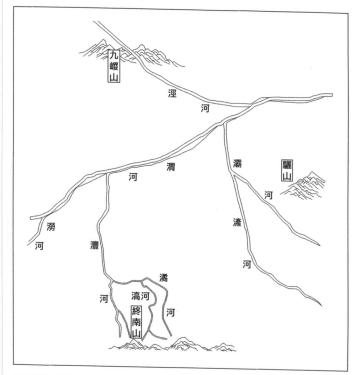

◉ 長安八水圖

而且，「自古帝者必居上游」，長安居高臨下下流各地，起高屋建瓴作用，「八百里秦川」地方又夠開闊，具有足夠空間展現一國之都的規模和氣派；加上是四塞之地，有險可守，集諸多優點於一身，難怪孕育出歷史上的漢唐盛世，國威遠播。不過後來始終難敵地運東移，經歷千年風光過後，在唐末逐漸褪色。

西周 ── 長安正式崛起

自夏朝後，國家觀念正式確立，西周原籍於陝北黃土高原，中期遷居至豳，後來滅商而立，國家範圍比以前擴大，如何有效管治成為眼前最重要課題，若國都狹處一隅，統治視野未及全面，存在「山高皇帝遠」的隱憂。前朝的禹都陽城示範了國都必須置於國土中央的觀念，關中地區靠近全國中心，四方在控，而且空間足以容納首都人口，區內又有眾水圍繞，有利灌溉和漕運，所以周朝的統治者寧願放棄陝北這個「龍興之地」，改而將國都定於長安，自此寫下長安成為十三朝古都的歷史。

一個國家　兩個首都

西周國都，一向豐京和鎬京並稱，是歷史上最早稱為京的城市。

一如舊貫，國都逐水而建，周文王先在灃河以西建豐京作為首都，然而由於建設時間倉促，規模欠奉。到周武王滅商後，希望藉營建新都樹立威權，於是在灃水以東興建鎬京，兩京相距約十里，分工清晰 ── 豐京祭祖，鎬京理政，地位各有千秋。

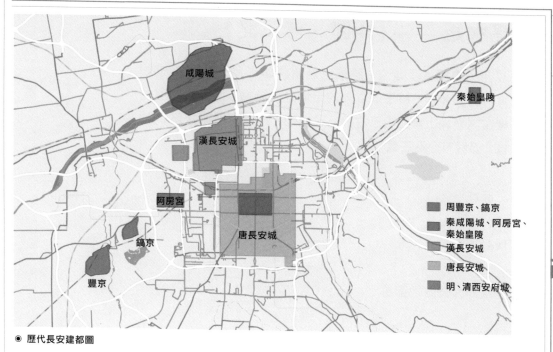

咸陽城

秦始皇陵

漢長安城

阿房宮

唐長安城

鎬京

豐京

■ 周豐京、鎬京
■ 秦咸陽城、阿房宮、秦始皇陵
■ 漢長安城
■ 唐長安城
■ 明、清西安府城

◉ 歷代長安建都圖

鎬京作為全國行政中心，中央官員雲集，政令所出，地位固然吃重，然而豐京亦不容小覷。傳統觀念「國之大事，在祀與戎」（《左傳・成公十三年》），在上章商朝殷墟小屯村遺址中，已見祭祀場所位處都城顯要位置，重要程度僅次於宮城。自周朝開始，中國人正式建立了天命的觀念，重視祭天敬祖，既弘揚慎終追遠的美德，同時催化人民敬天的心理，《周易》中的最上爻上九便是代表宗廟的尊位，身份崇高。不管是敬天的觀念還是建築，在以後的都城中，天命總扮演著重要角色。

有規有矩——《周禮·考工記》

西周以來，禮制逐步建立，建築也開始講求形制。眾所周知，西周實行分封制度，將王畿以外的土地分給諸侯、宗室和功臣，讓三者在其領地上建立自己的都邑和城池，作拱衛周室之用。大致而言，都城可分為三類：

㊀ 周王都城

㊁ 諸侯封國都城

㊂ 宗室或卿大夫封地都邑

為了突出西周王權的地位，營建都城的規定應運而生。例如諸侯城，大的不能超過王城的 1/3，中等的 1/5，小的 1/9，城牆高度、道路寬度及各種重要建築物必須按等級製造，如拒絕遵從就會被視作僭越。從西周時代起，大中小都邑的建設，開始體現出身份象徵的級別和規模。

所以《周禮·考工記》不遲不早，在西周分封制下出現。它是一套興建王城的官方手冊，明確列出國都的規劃方法和制度，其中中軸對稱的佈局首次見諸於文字和圖冊，《匠人建國篇》中記載：

「匠人營國，方九里，旁三門。國中九經九緯，經塗九軌，左祖右社，面朝後市。」

意思是匠人建設都城，九里見方，（都城的四邊）每邊三門；都城中有九條南北大道，九條東西大道，每條大道可容九輛車並行；（王宮的路門外）左邊是宗廟，右邊是社稷壇；（王宮的）前面是朝，後面是市。另外，鄭玄注《禮記·明堂位》還提到：「天子五門，皋、庫、雉、應、路。魯有庫、雉、路，則諸侯三門。」意思是天子宮殿設五重門，諸侯只有三重。

《周禮·考工記》綜合考慮了城門、道路、宮殿、居住用地之間的協調，儼如中國最早的城市規劃理論，被後世視之為理想的都城佈局藍本。周朝通過不同的禮樂制度，等級層層遞進，嚴格劃分諸色人等，實現類似金字塔式的社會架構，塔尖只容納統治者一人。

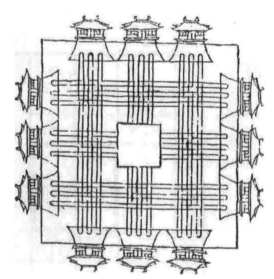

◎ 匠人建國圖

數字政治學原型

宮城建設作為皇權的主要話語，隱藏著一套由數字組成的政治
密碼，在君主與臣民之間劃出一道高低立見的無形界線，突顯
尊卑。

古代中國將數字分成陰陽，二四六八屬陰，一三五七九屬陽，
九在陽數中最大，也是個位數中最大，所以習慣以九為尊。《周
禮・考工記》稱：「內有九室，九嬪居之；外有九室，九卿朝焉。」
皇帝以內九室為家，外九室為國，不論是國是家，也用九數串
連，強調自夏朝以來的國家一體化。凡是與九有關的制度、稱
謂以至建築規格，都屬皇帝專有，上下等級一目了然，造成一種
近乎理智休眠式的尊卑認知，一個數字足夠令人望而生畏，至
於一般人當避用九數，尊貴如宗室諸侯，只可退而用七，平民百
姓，只可用三用一。

沿此路進，既然九在陽數中最大，也沒有東西比天更大，於是
九被視為天的象徵，傳說古代天有九重，亦稱九霄；正月初九是
天誕日；九也是極數，九霄雲外形容極高，九州方圓形容極廣，
九泉之下形容極深，數九寒天形容極冷。

這種觀念也見於《易經》，六十四卦以乾卦為首，乾者為天，也
代表帝王，乾卦六爻皆陽，是極陽極盛之象；第五爻亦為陽，五
為陽數中的中位數，代表君主居天下之中，所以皇帝我們稱之為
「九五之尊」。

四神在地化

瓦的發明是西周建築上的一大突破，脫離了過去「茅茨土階」的簡陋形態。瓦由陶土燒製而成，用來覆蓋屋頂，抵擋雨露霜雪的侵襲，令建築的作用和形制大幅提升；由此更衍生出瓦當，用於遮掩屋簷筒瓦的前端位置，保護木結構的屋架部分，也有助屋頂防水和排水。瓦當的樣式主要有圓形和半圓形兩種，最早可追溯至陝西歧山鳳雛村的早周遺址，紋飾多樣，其中有動物圖案雛形，後來四神——青龍、白虎、朱雀、玄武逐漸成型，到漢代成為瓦當紋飾定制，並廣為人所接受。而從瓦當的作用來看，四神帶有一種保護和祈福意味，也可視作四神融入建築禮制的雛型。

◉ 中國建築的瓦當

咸陽

長安原偏離中原地區，及至秦漢之際，加強興修水利，如建鄭國渠、漕渠，引水灌溉，對促進農業發達極有幫助。「八百里秦川」為秦國的強大奠下基礎，因此在唐五代之前，長安的政治、軍事和經濟條件俱最為優越，是中國歷史上最重要的都城。

咸陽命名的由來，和堪輿中經常提及的方位坐向有關。根據古代中國的地理概念，山之南，水之北為陽；山之北，水之南為陰。咸陽選址於九嵕山以南和渭水以北，皆為陽，故名咸陽。宮城作為一種貫徹長官意志的王朝語言，在咸陽宮上得到充分體現。自有宮城以來，內城外郭形制已成常態，唯獨咸陽宮是個鮮明的例外。考古發現從戰國中晚期開始，咸陽就向渭河以南擴張，直至秦末還在擴張之中，因此從殿基遺址所見，竟然沒有城牆外郭的遺址。

同時期稍後的羅馬帝國，凱撒大帝有一句名言：「我來了，我看見，我征服。」東方的秦始皇則用行動實踐，他是第一個自稱為朕的天子，天際無窮無盡，雄才大略的秦始皇不容城牆給自己設限，沒有外郭，才能滿足向外征服的野心，符合秦始皇英雄式的膨脹人格。

咸陽上承西周豐鎬，下啟西漢長城，尤其法天思想的都城形制，對隋唐長安後的設計有重大影響。

法天象地

中國人著重法天象地，講究天象與地面的對應關係，認為如此可得上天保護，大至建都小至建宅，有空間存在便有應天的要求。具體一點來說，是緯書所指的「天有五行，地有五嶽；天有七星，地有七表；天有八氣，地有八風」（《河圖括地象》），是所謂「華蓋閣道，上應天文」（《國朝宮史‧宮殿一》）。國都作為國家的代表城市，是體現這種天地對話的首選載體。

秦始皇自號為「始」，儘管梟狂，但言之有據，秦都咸陽最早採納法天象地的原則。關於咸陽，第一手資料在一本名叫《三輔黃圖》的古籍中有圖文記載，它是研究秦漢長安都城最為詳盡的歷史文獻。三輔是指長安城一帶三個郡級單位，即京兆尹、左馮翊和右扶風，內容選材專記秦漢都城的建設，而以漢郡為主，包括長安城及其周圍的佈局、宮殿、館閣、苑囿、池沼、臺榭、府庫、倉廩、橋樑、文化設施、禮制建築等。

據《三輔黃圖》卷一《咸陽故城》：「咸陽宮，因北陵營殿，端門四達，以則紫宮，象帝居。渭水貫都，以象天漢；橫橋南渡，以法牽牛。」

在中國，「天人合一」的觀念發展得很早，據學者余英時指出，天人合一前後共經歷過三個階段，第一個階段自西周時期已經開始，到春秋戰國發展成熟，深入民心，這一階段的「天」與「人」分別指「天命」與「人心」。他說：「達於上（天）下（文）的特權為天子或王所獨有。」王或天子受命於「天」而建立政權，其時只有天子或王才能代表全民直接與「天」交通。[01]

秦建咸陽城，距戰國結束不遠，時間上與天人合一思想的發展吻合。天人合一落在統治者手上，刻意造成神人不分，將百姓對上天的敬畏和天子等量齊觀。天上王國，地下王朝，秦始皇刻意藉著宮殿建設，把自己與天同論，表述統領天下是天命所歸，藉此獲得人心所向，以後的都城佈局，都是同樣用心。

紫微垣居中

古人仰望星空，發現滿天星辰位置並不固定，而是隨時日變動而四周流轉，唯獨位於北極星附近的紫微垣幾乎恆居不動，像被眾星烘托圍拱。古人看來，天空星象猶如一個等級森嚴的王國，相信居中的北極星是天帝所居，地位非凡，大儒孔子也認同這個概念，他說：「為政以德，譬如北辰居其所而眾星共之。」（《論語·為政》）

秦始皇統一六國後，在咸陽仿建六國宮殿，又在渭水以南興建了大量離宮，這些離宮的選址佈局絕非興之所至，輕率而為，而是背後有一套嚴謹的法天象地指導思想。咸陽城的整體宮殿佈置，與天河星象幾如一鏡之兩面，互相對應，具體彰顯天人合一的管治概念。

01　詳見余英時：《中國文化史通釋》，第 7 章〈古代思想脈絡中的醫學觀念〉，北京生活·讀書·新知三聯書店，2013 年 7 月北京第 3 版，第 159 頁。

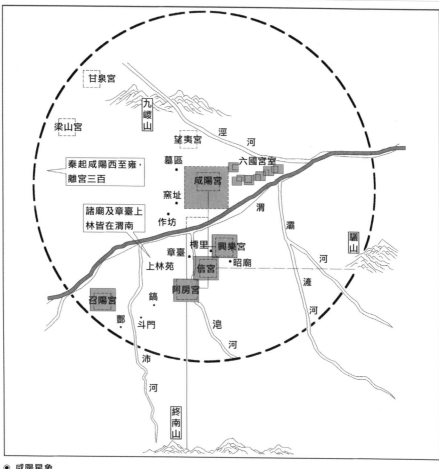

甘泉宮

九嵕山

梁山宮

涇　河

望夷宮

墓區

六國宮室

秦起咸陽西至雍，
離宮三百

咸陽宮

窯址

諸廟及章臺上
林皆在渭南

作坊

渭

灞

驪山

樗里

興樂宮

章臺

信宮

昭廟

滻　河

上林苑

阿房宮

召陽宮

鎬

天苑

斗門

滈　河

酆

沛　河

終南山

◉ 咸陽星象

咸陽與星象之對應	
咸陽宮： 秦始皇宮室	紫宮： 紫微垣所在的中天位置， 又稱中宮，眾星四布以拱之。
渭河	銀河： 又稱天河、天漢。
渭橋： 連接起咸陽宮和阿房宮	閣道： 閣道六星位於紫微宮之後，在銀河中 南北排成一條直線，橫跨銀河。
阿房宮： 秦始皇另一個朝宮， 位處渭南，渭橋偏西。	營室星： 也是天子居所
蘭池宮： 引水造池，水流曲折，水域寬廣。	咸池： 相傳太陽沐浴的地方
上林苑： 皇家園林	天苑： 天上的園林

好一個秦始皇，對天人合一的觀念，真正至死不渝，相信人死後會活在一個幽冥世界。據《史記·秦始皇本紀》記載，他所興建位於驪山山麓的秦始王陵：「以水銀為百川江河大海，機相灌輸；上具天文，下具地理。」他要繼續承天之命統治，著名的兵馬俑，就是讓他在地下複製一支戰無不勝的軍隊，做其冥界天子。

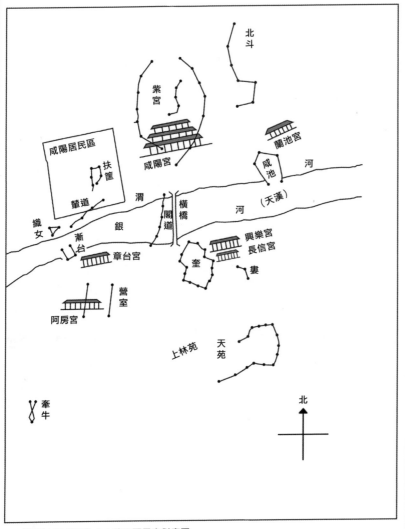

◉ 咸陽與冬至前後晚 6-8 時天頂星空對應圖

堪輿之大用

在堪輿的經典典籍中，天人合一的觀念並不罕見，通常應用於大局觀之中，強調在天成象、在地成形的對應關係，尤其適用於擇建帝都。明朝徐善述《人子須知·資孝地理心學統宗》稱：「夫帝都者，天子之京畿，萬方之樞會。於以出政行令，蒞中國，撫四夷，宰百官，統萬民，天下至尊之地也。地理之大，莫先於此。」

做法是將天和地作出對應，天上的星象、星體之間的佈局，與地上的龍脈、宮殿的佈置銜接，這樣才可鍾天之氣，施用於人間，所謂「必上合天星垣局，下鍾正龍王氣，然後可建立焉。蓋在天為帝座星宮，在地為帝居都會，亦天象地形自然理耳」（同上）。

其次，古人發現滿天星辰，儘管不停流轉，一段時間後又會回歸原位，再周而復始，循環不斷，於是從對天象的觀察，得出風水的操作靈感，加以轉化和創造。三元九運的理論，是從一運至九運再至一運，從上元中元到下元，循環往復，以至九宮飛星亦然，各星循一定軌跡分佈八方，最後亦一樣回歸中央，反映天理循環。談風水理論的經典典籍亦常以天為名，例如《天玉經》、《都天寶照經》、《天元五歌》；以往看風水必備的器具——羅盤，或通稱羅庚，其正中央的位置也稱為天池，引證「尊天」是醞釀堪輿理論的過程中一個重要元素。從觀天所得，成為一套言之有據的論述，當中涉及的經驗和識見，不能輕率用一句迷信就能抹煞。

十月過年的秦朝

我們慣常以正月為新年伊始，干支在建寅，秦朝卻大不相同，以
冬十月為歲首，亦即干支在建亥，但仍以十月稱之，如是輪至翌
年九月為歲末，這種曆法稱為顓頊曆。顓頊相傳是黃帝的孫，
此曆也是古六曆的一種。秦朝選擇以十月為一年之始，因為其
時的天象分佈恰與咸陽城的宮殿佈局完全一致，可見秦代如何
克守法天象地的原則，選擇最佳時機，達到天時地利人和的和
諧合一，而且一年後天象循環復再，重新歸位，代表時間永恆
不滅，亦象徵著秦朝千秋萬代。

漢長安城

劉邦建立漢朝後，對於國都選址在長安還是洛陽曾經舉棋不
定。洛陽既繁華又在全國之中，而且靠近劉邦發跡的「龍興之
地」江蘇沛縣，具有心理優勢，然而張良勸劉邦接受婁敬建議，
定都關中，理由是洛陽地勢平坦，欠缺天然屏障，僅餘邙山一
隔，自古以來都是四戰之地，國家難得安寧；至於關中形勢險
要，可憑著南、西、北三面地理險阻進行守衛，獨開東面，去制
服關東諸侯。後來劉邦決定聽從婁敬建議，定都長安，作為政
治和軍事中心，另闢洛陽為陪都，亦稱東都，是為經濟和文化中
心。歷史上沒載明婁敬或張良懂風水，然而他們的分析卻切合
風水要旨。

先看大局，漢長安城的地理位置，在渭河和皂河交匯點之上，
亦即前言提及的汭位，風水上稱為三叉水。都城逐水而建已不
必贅言，令人感興趣的是，漢長安城在龍首原北麓向渭濱開展，
南麓是另一大名鼎鼎的隋唐長安城。

龍首原是關中一條由東北向西南走的高崗，長達 15 公里，闊約 0.5 至 1.5 公里，名字充滿堪輿色彩，意即龍脈之首，王氣觀念呼之欲出。有一個傳說，高崗狀似一條龍，頭向北，飲渭河的水，尾朝南，吸天地的靈氣，形成長安城西高東低，未央宮的位置就是位於地勢較高的龍頭之上，突出自己的地位，彰顯天子之威。目前西安還有一個龍首原地鐵站。

漢長安是宮殿建築的躍進時期。早在戰國時期，各諸侯紛紛崛起，競相興建都城，令建築形制和技術出現巨大發展。秦朝的都城原亦壯觀雄偉，然而由於國祚太短，由漢朝正式繼承這份豐盛的建築遺產。漢長安城並非一次規劃，而是逐步擴建，先建宮殿，後築城，同時要遷就河流走向，因此宮城佈局並不規則，前後共經歷了三個興建階段。

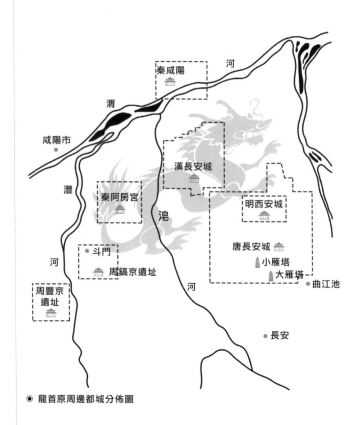

◉ 龍首原周邊都城分佈圖

〇九三

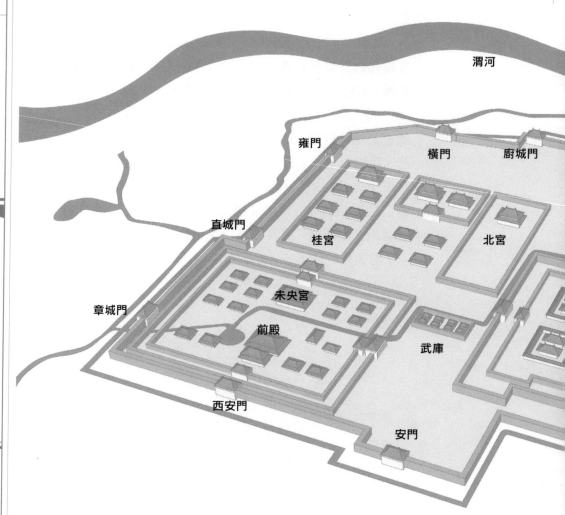

渭河

雍門　　　橫門　　廚城門

直城門

桂宮　　　　　　　北宮

章城門

未央宮

前殿

武庫

西安門

安門

● 長安城圖

一　漢初，漢高祖劉邦和惠帝時期創建，在秦朝咸陽原有的離宮——興樂宮的原址上興建長樂宮，初期是百官朝儀所在；後來另建未央宮，奢華程度猶有過之，長樂宮改為太后住所，稱為東宮，同時期建築還有武庫、太倉和東西市等。漢惠帝則分三次大規模築建城牆，奠定長安城的輪廓。

二　漢武帝時期擴建。其時國力漸強，大興土木建造了桂宮、明光宮，擴建北宮，宮殿櫛比鱗次，更在城外擴修了上林苑和新建了建章宮，後者的形制較未央宮更高。據顧炎武《歷代帝王宅京記》記載，建章宮極盡奢華，閶闔（正門）高達 25 丈（57.5 米），左有鳳闕，上面銅雀隨風旋轉，右有神明，是祭仙人處，對稱位置有井幹樓，高達 50 丈。建章宮與未央宮之間架有飛閣，能越過城牆互復往來。宮殿佔據了長安城南高地，居高臨下，突出皇室威儀；城北近渭水低垂地帶，則是商業和運輸中心所在。宮殿佔去整個長安城面積三分之二，是以宮殿群為主的城市，平民百姓只能住在城外，與日後的隋唐長安城截然不同。

三　西漢末年，王莽在南郊增建禮制式建築，拆除建章和承光諸宮，用所得的建築材料改建九廟。據考古記載，九廟的規模和形制與《周禮》相近，反映中國皇室建築與《周禮》的淵藪。

洛城門

宣平門

清明門

長樂宮

霸城門

覆盎門

斗城

西漢雖取代秦朝建立，但風水觀念的傳承卻未因此中斷，反而有愈加重視的趨勢。結合漢初以來儒學被定於一尊的現實，儒學和風水逐漸合流，成為宮城建設理論的主調。儒家強調中庸、中和、恆常，風水也以居中為上，四平八穩，彼此本就有共通之處，而且沿用法天象地概念，增加天子形象，長安城外城的輪廓就是一例。據《三輔黃圖・漢長安故城》中記載：「周回六十五里，城南為南斗形，北為北斗形，至今人呼漢京城為斗城是也。」

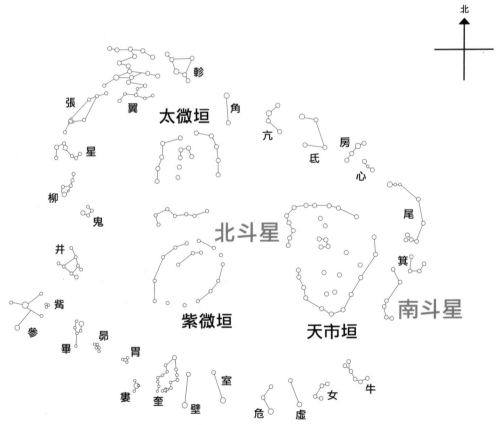

北

● 周天星圖中南斗、北斗、紫微垣相互位置示意圖

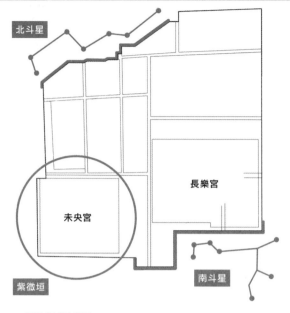

北斗星

長樂宮

未央宮

紫微垣

南斗星

◉ 漢長安城示意圖

長安城坐西朝東，共有 12 座城門，東南西北各三座，城牆大致成方形，跟《周禮·考工記》佈局一致，但卻並非完全方正。全城面積 36 平方公里，東西城牆長 2,150 米，南北城牆長 2,250 米，除東牆平直外，西、南、北城牆多曲折，並非完全按照宮城輪廓興建，設計別有用心。北城牆曲折多達七處，以象北斗七星，南城牆又與南斗相似，故有稱長安城為「斗城」，而未央宮就在紫微垣位置，象徵地位凌駕其餘各宮，所以也是漢朝皇帝日常視政的地方。北門外北闕取名玄武闕，東闕蒼龍闕，未央宮內有朱鳥堂、白虎殿，這也是與天上四神的刻意關聯。

《史記·天官書》稱：「眾星列布，體生於地，精成於天，列居錯峙，各有所屬，在野象物，在朝象官，在人象事。」

風水典籍《地理人子須知》則稱：「曰紫微、太微、天市。垣之中皆有帝座，凡建都處，山川形勢，須與此合。」

長安城延續咸陽城的用心，二者所強調的都是天上星垣與地下帝宮相連，發揮天人合一的精髓，從哲學概念延伸到現實層面，是中國宮殿建築的特殊境界。

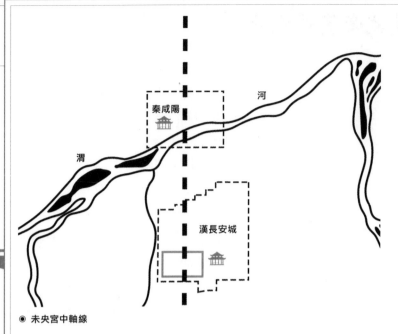

河

渭

秦咸陽

漢長安城

● 未央宮中軸線

未央宮的虛軸

儒家將一切道德化，強調中庸之道，方方正正，不偏不倚，這種
對自身的要求也影響到對空間的詮釋。漢代以前，宮殿建築只
強調方正，中軸線僅見到雛形，以核心宮殿未央宮為本位，向北
伸展，經過渭橋，正與秦咸陽宮的中心在同一條中軸線上，以
示漢朝繼秦而來；向南伸展，經過西安門，便是子午大道。中國
建築學者孫大章認為，這種設計可稱為虛軸：「往往將一些相距
較遠的建築物按軸線對應關係進行安排，使得視線有一個焦點
或尾聲，這種軸線可稱為虛軸。」[02] 兩旁宗廟和社稷等禮制建
築，符合《周禮·考工記》左祖右社的要求，再往南行，是終南
山所在。而軸線的設定，其實也是天人合一概念的反映。古人
認為，天體就像一把傘，中軸就像傘柄將之貫通，建築物都圍
繞中軸來佈局。

02　孫大章：《中國古代建築小史》，三聯書店（香港）有限公司，2018 年，第 225 頁。

漢武帝篤信風水

關於漢武帝興建建章宮的由來，有一則風水厭勝的故事。未央宮柏梁台發生大火，廣東一位術師稱，大火非吉兆，必須興建一所比原物更巨大的建築，才能鎮住邪氣。漢武帝照辦，可是長安城內已無餘地建此龐然巨物，唯有在城牆以西興建建章宮，規模媲美主要大殿未央宮。

「太初元年（公元前 104 年），柏梁殿災，粵巫勇之曰：粵俗有火災，即復起大屋以厭勝之，帝於是作建章宮。」（《三輔黃圖·漢宮》）

這是文獻上明確出現「厭勝」二字的記載。「厭勝」在風水中佔一席位，藉著遏止敵對勢力來彰顯自己權威，因此備受統治者青睞，以後在歷代宮殿建設中經常隱身出現，隋唐長安城和明清紫禁城都有厭勝刻記，將另文述及。

未央宮命名由來

未央宮的「未」字，出處眾說紛紜。有人認為取自《詩經·庭燎》：「夜未央，庭燎之光」，夜未央即是「未盡」的意思，亦有指與萬壽無疆有關，如漢代瓦當中有「長生未央」、「長樂未央」之句。但若根據風水則很易理解，八卦二十四山中，坤卦有三山，分別是未、坤、申，未在方位上屬南方偏西南，未央宮就是在長安城中西南位置，而且長安城根據「在天成形，在地成象」，以斗城概念設計，未央宮命名加入術數元素，亦屬可信。

八街九陌

成語「八街九陌」，形容街道縱橫，市面活動繁盛，典故正是來自西漢長安城。《三輔舊事》中記載，「長安城中，八街九陌」，縱向為街，橫向為陌；一稱街是城內的大街，陌是較次的大街道路。街寬約 45 米，佈置有九市，閭里一百六十。八街九陌的佈局，或與七十二候有關（八乘九得之）。七十二候是用來指導農事活動的「物候曆」，五日為候，三候為氣，六氣為時，四時為歲。候指時候，如《通書》上的「立春，初候，東風解凍」，或「雨水，初候，獺祭魚」等；風水慣性用時間觀念來演繹空間佈置，正如八卦二十四山，內裡注入了四時和方位的概念。堪輿的宗旨是法天地，象四時，《周易·繫辭上》：「法象莫大乎天地，變通莫大乎四時」，強調宇宙自然與人類的和諧統一。法天地，發展成風水上的形勢之學；象四時，發展成風水上的理氣之學，二者合而為一，才能做到形理兼備，推斷風水的上乘境界。

一脈相承

從以上宮殿的佈局和發展，我們不難發現一條由西周開始，歷經秦朝到西漢的脈絡。西周首創一個國家、兩個首都的形制，豐鎬二都隔著豐河相對，一作祭祀，一作朝政；秦朝統一東周以來的紛亂局面，先在渭水之北興建咸陽宮，後在渭水之南興建阿房宮，延續國都隔江相對的傳統；西漢是繼秦而興的統一王朝，利用軸線寓意權力交接，從咸陽宮一路直達未央宮，也從漢朝一路直達明清，貫穿整個中國宮殿之學。

隋唐長安城

風水玄學在皇室一直盛行，至隋唐之際，儼然已成為顯學，白紙黑字見諸官方史冊，如《舊唐書‧天文志》稱：「建邦設都，必稽玄象」，甚至專設一個名叫太史局（後稱司天台）的部門，掌管天文術數，相地建宅。在皇權時代，風水大行其道，當然得力於在上者的提倡。隋文帝頗迷術數，有見於西漢長安城久經戰亂，百廢待興，而且規模不夠龐大，難當國都大任；加上水流污染嚴重，水皆鹹滷，催化了他另建新城的決心，遂命令宇文愷任工部尚書，負責全新宮城的建造。宇文愷熟知隋文帝喜好，接過此頭等差事，不敢怠慢，借鑒了過去歷代都城的設計藍圖，加強禮樂特別是風水元素，突出皇權，包括自秦漢以來的天人合一思想，把大興城的佈局設計成猶如隋文帝「替天行道」，在龍首原南坡興建新城，取名為大興城，以紀念隋文帝早年曾被封為大興公。後來隋朝雖然被推翻，但大興城上乘的宮城規劃和宮殿佈局，卻宛如一道護身符，令它免遭焚毀。唐高祖李淵為立新威，借漢高祖當年長治久安之名，把大興城改名為長安城，還大興土木，拓寬和加固了城牆，建立樓城，還增建了大明宮和興慶宮等，令長安城壯麗更甚。

平洋龍

先談大局，唐長安城延續逐水而建的傳統，選擇距渭河較遠，
在灃河和灞河兩條大河之間一片廣袤而肥沃的土地上興建。
堪輿學上視兩河之間為吉地，若兩條水氣並行然後交匯，中間
有利束氣，結聚成穴，宜用於建城設邑（這也是兩河文明理論
的風水解釋）。其次，我們要知道，國家擇地建都和個人選址
墓葬，講求的條件截然不同，個人墓葬佔地有限，山野儘管起
伏陡峭，墓地空間仍然綽有餘裕，所以用的是山龍；但建都要
彰顯恢宏氣勢，又要顧及容納人口及便於運輸等實際需要，
山龍狹隘錯落，不能滿足要求。水源以外，必須尋找遠方有
屏障，而腹地空間廣闊平坦的地方，也就是垣局，才可容納帝
都，藏風聚氣，所以垣局必在平原，再從水口位置辨別龍氣，
找到平洋龍所在，通常在兩河交界的位置，亦稱三叉水。

風水經典《青囊序》說：「水對三叉細認蹤」；《都天寶照經‧
中篇》說得更明白：「天下軍州總住空，何須撐著後頭龍，只
向水神朝處取」，意思是龍穴不一定要以真山為靠山，一個
「只」字，指出懂得看水口才是竅要；又說：「二水相交不用砂，
只要石如麻」；還有這兩句尤其畫龍點睛：「但看古來卿相地，
平龍一穴勝千峰。」擇地建都，往往用的是水龍，唐長安城便
是顯例。

乾卦六爻和大興城

關於隋文帝命宇文愷規劃和興建大興城，在《元和郡縣圖志》卷一《京兆府》有這一段文字：「初，隋氏營都，宇文愷以朱雀街南北有六條高坡，為乾卦之象，故以九二置宮殿以當帝王之居，九三立百司以應君子之數，九五貴位，不欲常人居之，故置玄都觀及興善寺鎮之。」

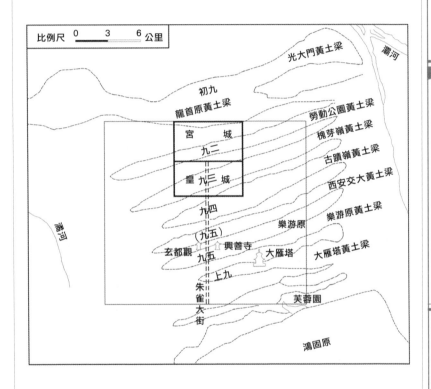

◉ 大興城與乾卦六爻之配合，為易於說明，六爻上下對調。

在《唐會要‧卷五十》中亦有相同記載，龍首山南麓大興地區有六條岡阜（高地），今日在西安城內這「六條高坡」仍清晰可見，宇文愷靈機一觸，將之看作乾卦六爻，按照《易經》乾卦卦象來設計大興城佈局，推演人事、政治和運數。

《易經》六十四卦，每卦由六爻組成，下三爻稱為下卦，上三爻稱為上卦。易卦中，乾為天，為君，為父，乾卦之於隋朝，亦即隋文帝及其宮殿的化身。

初爻「上九，潛龍勿用」，既然「勿用」，索性專設為皇家禁苑，把整個龍首原連同其北部到達渭河的廣大地方圈佔起來，闢為皇帝的後花園，名叫大興苑，閒人勿進，兼作北面的防禦屏障；

九二「見龍在田，利見大人」，真龍現身，田裡就是人間，亦為下卦中得居中位，比喻君主剛健中正，故在此九二高地佈設宮殿，以當帝王之居，亦即宮城太極宮的位置；

九三「君子終日乾乾，夕惕若厲，無咎」，行政辦公機構集中在皇城之內，告戒眾卿家大臣努力工作，不可怠惰。皇城緊靠宮城南面，佔據長安城內正北位置，地位超然，並與平民百姓居住的坊里區別出來，營造宮禁森嚴的效果。

九四「或躍在淵，無咎」，原意是根據形勢決定進退，因此劃分為皇城邊界，城內城外皆無不利；

九五「飛龍在天，利見大人」，上卦中位，與九二相對，六爻中位置最為尊貴，飛龍天上遨翔，猶如德高位隆的大人物身處頂峰，指的當然就是皇帝，一般人不容攀附，只有神明敢居其上。宇文愷特意將此處作為宗教供奉的場所，西面是道教的玄都觀，東面是佛教的興善寺；

上九「亢龍有悔」，飛得高亢，有災禍和悔疚，更不宜居，佛道除外。隋時是道觀，唐代是著名的大慈恩寺，即後之大雁塔，第一任住持是由天竺取經歸來的玄奘法師。

外郭城於東南隅缺角一坊，並因置曲江池和芙蓉園，造成向外突出，南宋程大昌《曲江志》記載：「宇文愷以其地在京城東南隅，地高不便，故闕此地，不為居人坊巷，而鑿之以為池，以厭勝之。」長安城東南高西北低，為免一般人住在比皇宮更高的地方，故挖成深池以厭勝，符合《史記》稱：「天不足西北，星辰西北移；地不足東南，以海為池。」

【延伸閱讀】

「厭勝」，又稱厭鎮、厭伏、魘鎮，字面的解讀是厭而勝之，原意指過往中國流傳於民間一種避邪祈福的習俗，在器物上施用咒語或法術，達到制勝厭惡人或物的目的。工匠尤其擅長厭勝，放厭勝物，在《魯班經》中特闢專章記載，例如在橫樑間或枋柱間放毛筆墨盒，出讀書人；放古錢正反兩枚，名利雙收；又或放小棺材，剋死居住者；放白虎圖，戶主招惹是非或多疾病。有學者指出，「厭」應讀作「壓」，引《集韻》：「厭，乙甲切，入狎。」[03] 筆者認為的論，因為由厭至壓，符合中國文字字形由簡單到複雜的發展過程，例子有兌字，進化成銳、悅和說等字；二是厭勝的大用其實從來不在民間，而在於皇室大事，藉此壓制皇帝眼中具威脅的人和物，常見運用於傳統的大型建築或工程中。壓，是霸凌的展現，適合王權的表述。厭勝可說是風水的旁支，它是皇帝的利器或秘技，施行者都大名鼎鼎，上溯至春秋戰國時已經出現，前有秦始皇和漢武帝（詳見本章和南京一章），下延至元明之間，有忽必烈和朱棣（詳見北京一章）。總之，能夠鞏固皇權的事，皇帝都會照做，要知能夠為所欲為，也是一種權力的表現。

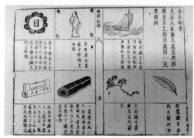

◉ 《魯班經》，見故宮博物院編：《入地眼全書》，海南出版社，2000 年 10 月第 1 版，第 337-338 頁。

---

03 張劍葳：〈中國傳統建築中的厭勝文化〉，收錄於香港中文大學《二十一世紀》雙月刊，2007 年 12 月號，第 104 期，第 1 頁。

皇權至上

中國的核心建築都以彰顯天子地位為主體，皇權高於神權，雖然聲稱天人合一，然而上帝只屬一個假借，天子才主宰天地一切，因此皇家宮殿只為皇權服務，都城中最重要的位置都留給了天子。宇文愷堪稱古代建築大師，雖是武將世家出身，但精於從理念和現實考慮佈局，既強調了皇權至上，也有助加強防禦功能，符合一個城最基本和最重要的要求。

長安城平面為橫長矩形，東西長 9,721 米，南北長 8,652 米，總面積 8,410 萬平方米，規模之大，傲視當時其他國際都會，充分展現統一王朝的恢弘氣派；共開 13 城門，東西方對稱，中間一條朱雀大街，長約八公里，寬 150 米，是整個城市中軸線的體現；首創坊市制，全城分為 108 坊和東西兩市。

中國的建築是平面佈局，而且自魏晉以後，宮城恪守嚴格規則，以中軸線設計為主流，左右建築依次排開，外面有圍牆包攬，凝聚中央，與堪輿上四神全產生的圍攏作用不謀而合。這種佈局給人方正、克制、嚴肅的感覺，讓人不容挑戰，而且充滿儀式感，格外莊重神聖，此其一；自漢武帝「罷黜百家，獨尊儒術」後，儒學成為王朝學說的主流，它所強調的中和思想，覆蓋國家各個層面，代表王權的宮殿建築自不例外，不偏不倚謂之「中」，協調平衡謂之「和」，長安城的佈局設計，正是這種儒學思想的簽名式體現，此其二。

尊貴的皇城是長安城中軸線上唯一的建築物，其他一併退讓，一條寬廣的直路經外城、皇城，抵達宮城正門，皇座穩佔中央，是為皇者的軸線，也是皇權的象徵。皇城坐北向南，亦雄踞著象徵天上皇宮的紫微垣尊位，符合以北為尊的傳統政治概念，至於東西南三面分佈著國家行政機構和各大里坊，呈環繞北面之勢，亦即拱衛著皇城和皇帝。圖中可見，無論在選址、面積、坐向上，皇城都成為唯一的聚焦點。

至於平民百姓居所和商業活動，統轄在 108 個市坊之內，像一個大棋盤，井然有序，易於集中控制和管理。長安城雖然規模如此巨大，卻竟然在一年內基本完成，反映完整的規劃和強大的施工能力。

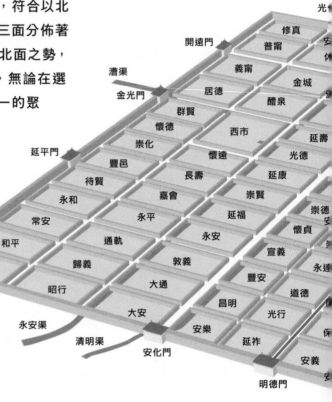

重玄門

景耀門　芳林門

修德　玄武門　安禮門　大明宮

輔興　掖庭宮　太極宮

東宮

承天門　光宅　翊善　長樂　入苑

含光門　永昌　來庭　大甯　興甯

朱雀門　安上門　永興　安興　永嘉　通化門

太平　光祿　興道　務本　崇仁　勝業　興慶宮

殷業　開化　小雁塔　崇義　平康　東市　道政　春明門

豐樂　安仁　宣陽　常樂

光福　長興　親仁　安邑　龍首渠

靖善　永樂　永甯　宣平　靖恭

蘭陵　靖安　永崇　昇平　新昌　延興門

安善　昭國　大雁塔　修行　昇道

大業　晉昌　修政　立政

昌樂　通善　青龍　敦化

德　通濟　曲池

啟夏門

曲江

芙蓉園

◉ 唐長安城圖

一〇九

今天說的城市規劃，通常是為一般人籌建一個宜居環境；千多年前的長安城也有完整規劃，要考慮的地方同樣很多，但在皇權時代，它只為一個人度身訂造。

日本學者妹尾達彥稱：「長安城的建築，原本就不是以居民的生活空間為出發點的，而是根據六世紀末到七世紀初王都的理念，設計建成的一座宏偉的理想都市。」[04]

宇文愷交出這樣的功課，隋文帝怎會不滿意？因此儘管隋文帝奪取北周宇文氏政權後，對其宗室大肆殺戮，宇文愷還是得以全身以退，甚至加官晉爵，憑藉的就是這身建城的本領。

04　妹尾達彥：〈唐都長安城的人口數與城內人口分佈〉，收錄於《中國古都研究（十二）——中國古都學會第十二屆年會論文集》，第 3 頁。

大明宮

貞觀八年（公元634年），唐太宗建大明宮，原供其父唐高祖李淵養老，唐高宗後政治中心轉移到此。大明宮面積約如四個紫禁城，命名亦與《易經》有關，它建在初九之地上，位於長安城東北部，亦即後天八卦之艮位。艮位本身有一個集大成的意義，據《周易·說卦》稱：「帝出乎震，齊乎巽，相見乎離，致役乎坤，說言乎兌，戰乎乾，勞乎坎，成言乎艮。」簡單來說，是用八卦配以四時八方，直至艮卦完成萬物新陳代謝，為一個體系循環。唐代皇室用堪輿概念為建築物命名很普遍，例如乾脆用太極、兩儀作為殿名，寓意「太極生兩儀，兩儀生四象，四象生八卦」，宮城就是宇宙中心，皇帝就是天子，衍生出天下萬物；全城14條橫街之間有南北13坊，象一年有閏月等等。

《周易》為六經之一，使陰陽五行自漢代以來盛行於經世治國，到唐中葉之後，以《周易》作為理論基礎的風水得到重大發展，常見運用於興建都城等，成為宮殿之學的重大考據。

洛陽

陽

古邦巡逢

Chapter 4 ——
Luoyang

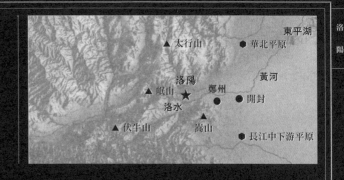

★ 位處現河南省西面，地域西高東低，崤山、熊耳山扼守西面，中條山在西北方，南岸是一片河谷盆地，再遠處是秦嶺餘脈外方山和伏牛山，嵩山和箕山緊靠東南，北面邙山之北就是黃河，堪稱河山擁戴。洛陽市內還有伊河、澗河、瀍河等多條河流蜿蜒穿行，統稱為「五水繞洛城」（一稱九水），形成山環水抱的恢宏格局。

氣魄大　天下中

洛陽，咸陽，有一字相同，出處亦共通。咸陽如前文所述，位於山之南，水之北，皆為陽，故稱咸陽；洛陽在洛水之北，故名洛陽，而且宮城佈局與秦朝也心思一致，同樣取在天成象、在地成形的通則。

國家首都的選址要求嚴格，洛陽北依邙山，南對伊闕，符合依山據川的要求，而且洛陽面積偌大，逾 15,000 平方公里，足夠容納眾多人口和巨大建築群，漕運亦便利，通達四方，因此榮膺八大古都之列。不過，洛陽的缺點也不容忽視，雖有山水，然而不夠挺拔開闊，眾山低矮，山脈之間亦並非無縫連接，不及長安渾然天成，導致缺口頻生，屏藩作用有限，伊洛小平原亦無險可守，因此歷來是四戰之地，這是洛陽始終不及長安的原因。

洛陽是人所共知的古都，但未必許多人知道，它也是王侯將相最熱門的墓葬之地。安陽一章提及，陽宅陰宅在大原則上要求一致，枕山蹬河的洛陽，在北面邙山連綿 100 多公里的山脈下，埋藏了六個朝代共 24 位帝王，還有其他數不清的功勳望族。歷史上的名都名城，形勢通通山環水繞，不論作為古都或者帝墓，一概勝任，長安有秦始皇陵、唐乾陵、唐昭陵；南京有明孝陵、中山陵；北京有明十三陵、清東陵、清西陵。但洛陽有一點，其他地方不能媲美，就是具有天下之中的優勢。

◉ 洛陽歷代建都圖

「中」和「國」的由來

洛陽位處幅員廣袤的中國中心，所以又稱中州。周武王滅商之後，返回鎬京，嫌長安偏遠，難以管轄東方廣大地區，認為東遷到靠近中原的洛陽才是上策。然而未及遷都，武王死，商朝後裔武庚連同蔡叔、管叔乘機造謠，稱周公旦篡位自立，周公遠伐三年，始伐平武庚等人，更肯定定都中央的重要，周公歸政後，周成王營建洛邑。在西周青銅器「何尊」上的銘文記有：「宅茲中國，自茲乂（音刈，治理）民」，這是中國二字首次見諸於文獻，意思是成王把都城遷到洛邑，居住在國土中央，治理國民。

《史記集解》記載：「帝王所都為中，故曰中國。」夏朝建都於鄭州是為首例，到周朝開始，直到春秋戰國期間，國都需處於天下之中，漸次成為共識——

《管子·度地》：「天子中而處，此謂因天之固，歸地之利。」

◉ 何尊

◉ 金文大篆「中國」

《荀子 · 大略》:「欲近四旁,莫如中央,故王者必居天下之中,禮也。」

《呂氏春秋 · 慎勢》:「古之王者,擇天下之中而立國。」

中,在中國文化涵意上,從來具有特殊意義,被獨尊了二千年的儒學,經典著作有《中庸》;以陰陽五行思想佔主導地位的《周易》,亦以上下卦的中爻為主體,其中「損」卦象曰 :「九二利貞,中以為志也」,意思是九二有利於堅守正道,是由於身處不高不下的適中位置,因此國都也要建於全國中央,讓帝王表現出自己是一個符合中正之道的君主。宮城是皇帝家天下的縮影,在《周禮 · 考工記 · 匠人營國》中,宮城在都城正中央的位置,外面每個方位各建有三座城門圍繞;再推而廣之,周朝的君主把都城建在洛陽,用心打造「四方輻輳」式的政治、經濟和文化中心,既便於各地諸侯貢賦,又利於鎮撫全國。天下歸中的觀念對後世影響極大,從西周到唐代,很多皇帝都有在全國中心地區建都的記錄或打算,正是想依託「天下之中」的區位來確立政權的認受性。洛陽毗鄰鄭州,亦為天下之中,觀念一脈相承。

此外,部族之間經過多種形式的融合,逐步擴大,創造了「國」的觀念,中原是中央所在,即視為中國。尤其值得注意的,是國字字形的啟示。國字屬口部,象徵都城密不透風的建築,反映了圍攏意識的重視,內裡還要持戈,保護上下一方組成的疆土,跟風水四神全的緊密拱衛要求一致。看一個「國」字,便明白古代中國為何在國都選址上這樣重視四神全。

洛陽與洛書

洛陽與風水的淵源甚深，《尚書‧召誥》載周公卜宅洛邑：「成王在豐，欲宅洛邑，使召公先相宅」，被視為最早有文字記載的風水相宅案例，而勘察和規度宅地，也成為後世風水的主要施為。前言提及《洛書》，就是說在洛水之中，冒出了一隻祥獸神龜，背上有合乎魔方陣的神奇斑點。洛陽居天下之中，得儒家學說祝福，且有山環水繞的大格局，邙山在北，黃河、洛河、伊河、澗河和瀍河五水繞城，先天有利於孕育文明；而風水作為文明發展的一部分，《洛書》之圖亦借了洛陽大名一用，令該地幾乎等同了風水的起源地。

《葬經》稱：「風水之法，得水為上」，長安得八水圍繞，成為十三朝古都所在，五水繞城的洛陽亦然，夏朝於偃師二里頭村首先建都；商湯將其都城定於亳；周公旦輔佐周成王，著手在洛土建城。從夏到殷，從殷到周，作為全國政治中心的國都，擇建之地從來不離洛陽附近，而自東周起，洛邑更首次躍升為全國首都，歷經千年，到宋以前地位一直不墮。

長安和洛陽包辦了由西周至唐代兩千年中國歷史的首都，因為當時中國文化和經濟重心一直在黃河流域，朝綱典制、衣冠威儀，積漸而下，其他地方難以比擬。

國都多大　國力多強

作為一個國家的代表城市，首都的規模和面積反映了國家的地位和氣魄。東周時期，君主大權旁落，只淪為名義上的共主，洛陽的國都地位也名不副實，面積約九平方公里，僅及西周豐鎬的一半，更難與隋唐長安城比較，算不上洛陽的顛峰時期。

歷史上，洛陽在下列三個時期才是一代古都：一在東漢，終於擺脫長安，成為名正言順的全國政治、經濟和文化樞紐；二在北魏，為時雖僅約 40 年，但它的規劃法制，對後世影響極鉅，而且規模之大，當時傲視世界其他大城市；三在最為人熟悉的隋唐，城市規劃縝密，法度嚴謹，而且宮闕氣派雄渾，在武則天臨朝稱帝期間，洛陽更曾一躍成全國首都，改名神都，建號太初。

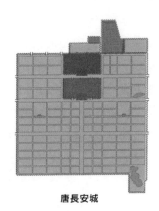

唐長安城

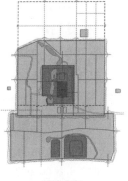

明清北京

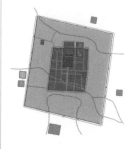

北宋汴京

南宋臨安

東漢洛陽

◉ 歷代國都（按面積比例）

東漢——是雒陽　不是洛陽

開國之君似乎都很相信兆頭，東漢光武帝劉秀選擇在洛陽建都，與此地是他的「龍興之地」有關。劉秀本是地方豪族，起家的根據地以南陽潁川為主，他在當地的政治和經濟基礎雄厚，若遠遷至長安等關中地區，等於削弱自己的影響力，於是選擇毗鄰的洛陽，亦令洛陽在帝制時代第一次成為王朝的都城。

光武帝精通經學，愛好讖緯，篤信玄學堪輿，尤奉五德終始之說。其說指金木水火土五德有始有終，輪流交替主事，王朝得天授以其中一德，管治天下，當其德盛極而衰，便由排序中另一德取代，如此周而復始，興替有序。此說分相尅說和相生說，光武帝所採相生說，乃據西漢末王莽所訂：

黃帝（土）→夏（金）→商（水）→周（木）→（秦朝暴虐無道，刻意忽略）→漢（火），光武帝以正統自居，因此東漢屬火德。都城為全國之首，具特殊象徵意義，不可輕忽待之。洛陽為水字旁，五行尅本朝之火德，故不能用，乃去其水，改洛為雒，因此凡東漢出土之典籍和文物，皆書雒陽，東漢亡後，始改回洛陽。

天造地設的九六城

東漢建立初期，國家剛經王莽篡位之亂，社會元氣未復，經濟疲憊，無力創建新城，因此雒陽城跟西漢長安城一樣，都是在舊有城址上改建而來。當時雒陽城其實是前三個時期的共同產物，最初是西周周成王時，周公建成的洛邑原址，至東周周敬王時在北面增建，到秦代則向南延伸了不多不少兩公里。這個長度並非巧合，剛好把整個皇城南北和東西構成九六之比，以《易經》義理而言，九六別有深意：

九：陽數由一、三、五、七、九順數，九是最高位數，代表陽爻；

六：陰數由十、八、六、四、二逆數，六是最中位數，代表陰爻。

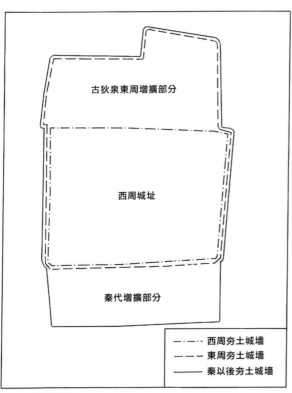

古狄泉東周增擴部分

西周城址

秦代增擴部分

- – · – · – 西周夯土城牆
- – – – 東周夯土城牆
- ——— 秦以後夯土城牆

◉ 九六城演化圖

《易經》共有六十四卦，每卦共有六爻，以乾卦為首，坤卦隨之。因此，若要標示每一爻位置，陽爻便以九來表示，如稱初九、九二、九三、九四、九五和上九；陰爻則以六來表示，如稱初六、六二、六三、六四、六五和上六。

乾卦為天、為父、為君、為健；坤卦為地、為母、為后、為順。天地如此化衍萬物，生生不息。

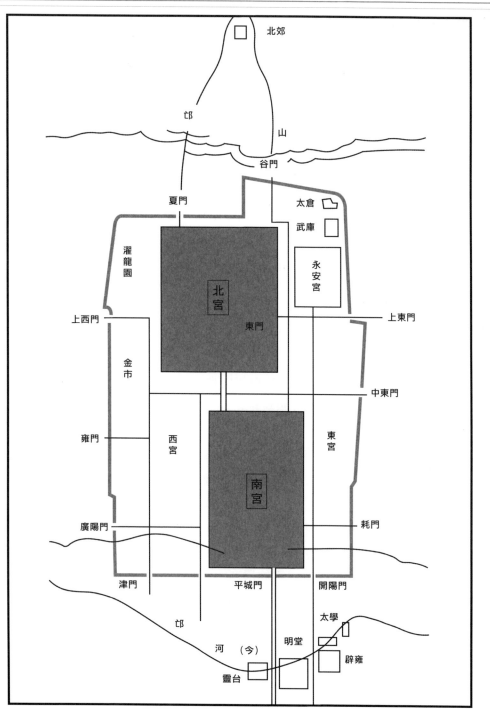

◉ 東漢九六城

雛陽城集陰陽、天地、父母之數於一身，構成了東漢時代雛陽宮城的基本雛形，堪稱天造地設，於是光武帝順手拈來，據此為都。

《帝王世紀》記載，雛陽城「城東西六里十一步，南北九里一百步」，故又稱九六城，大致呈不規則的長方形，面積 9.5 平方公里，城內有南北兩宮，但彼此之間並未形成共同軸線。外城共有 12 座城門，門與門之間非平均分佈，而是東西各三座，南面四座，北面僅兩座，南比北多，這樣的安排實是堪輿和地理氣候具密切關係的例證。中國屬季風型氣候，北風寒冷凜冽，南風溫暖和煦，而堪輿上定例北方屬水，性寒，南方屬火，性熱。古人發現房子坐北向南可以背風招陽，城門一般視作氣口，在南方開門即可多納溫暖之氣，北方少開一門亦有助抵禦寒流。堪輿的初念原是尋找理想的居住環境，雛陽城的設計堪足說明。

天無二日　國不兩宮

外戚，指君主的母族和妻族家裡的人。外戚藉著與君主的特殊血緣關係，乘機干政，早在春秋戰國時已有先例，但只屬個別事件。到了漢朝，外戚專權卻幾乎成為通例，皇權難再獨大，異姓人相繼把持朝政（見右表），堪稱歷史上外戚問題最嚴重的時代，一個漢朝儼如外戚干政的歷史。堪輿學認為，一地的宮城建築形制會影響國運，蓋宮城是一國的代表，也是治權的展示，從來天無二日，治權也不可一分為二，而漢朝的宮殿佈局恰是一個反面例子。西漢初，未央宮建成後稱為西宮，皇帝居此，較早落成的長樂宮稱為東宮，與未央宮近乎並排，則是太后的居所。兩宮對峙的局面延展至東漢，雛陽的宮城分為南宮和北宮，亦稱內城，兩者有復道相連，相距約一公里。南宮先建，主要用作議政，處理國家大事；後建的北宮則是皇帝和後宮妃嬪的居所，貫徹傳統以來前朝後寢的宮殿規劃要求。南北宮各據一方，終東漢一朝，兩宮竟不約而同地並立互制，政出多於一門，帝王權力與外戚勢力輪流傾軋，皆難久存；反觀以一宮為唯一行政中心的宮城建設，皇權與外戚爭權情況縱有，亦輕微得多，為時亦短得多。

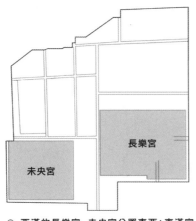

漢朝皇帝與外戚爭權表		
	皇帝	外戚
西漢（長樂宮和未央宮）	漢高祖	呂氏
	武帝及昭帝	霍氏
	宣帝	史氏和許氏
	元帝、成帝、哀帝、平帝	王氏、傅氏、丁氏
	皇帝	外戚
東漢（北宮和南宮）	和帝	竇氏
	安帝	鄧氏
	順帝、沖帝、質帝、桓帝	梁氏、竇氏

◉ 西漢的長樂宮、未央宮分置東西；東漢宮城的重心則演變成北宮、南宮走向。

北魏 —— 比漢人更漢化

北魏由鮮卑族拓跋部建立，於公元五世紀揮軍南下，攻佔洛陽等中原地區，然而當時的孝文帝拓拔宏，非但未有下令洗掠城池，藉大規模殺戮以樹威，更將國都從平城遷至洛陽，以此地居於天下之中，方便統領全國。孝文帝母親馮太后是漢人，令他自少受漢文化薰陶甚深。洛陽自東周以來就是帝都，歷史悠久，孝文帝在西晉故城上重建洛陽，借遷都移風易俗，全面進行漢化，穿漢服說漢語改漢姓，甚至在廢址上營建都城時，亦參照漢人的標準，選址在洛水北岸，格局大致參考《周禮·考工記》要求，整體上分為外郭、京城和宮城；京城呈長方形，捨棄了東漢時期的南北二宮制，只有一個宮城。這次改動，以宮城史而言對後世影響最大，自此以後，宮城只有一座核心宮殿，象徵權力集中於一人。

由於要遷就舊有的街道格局，宮城建於北面略為偏西位置，正殿為太極殿，顯然取名自《易經》，同時遵從中國人重視中正的傳統，宮城左右對稱，銅駝街是中軸線所在，兩旁左祖右社。社會階層按照先秦時代管子的劃分，定為士農工商，居民各有等級，身份世代傳襲，藉此減少社會變動，穩定管治。

據洛陽市文物局所編的《漢魏洛陽故城研究》，北魏洛陽長約 1,398 米，東西寬約 660 米，總面積約為 922,680 平方米，以宮城面積而言，較漢唐為小，較明清紫禁城為大。外郭則大為擴大，北面城牆接近邙山南面山麓。全城建有 220 里坊，闢方格網街道，每里長 300 步，四周建有圍牆，東南西北各開一門，後來隋唐時代的里坊制即依所傚效。

在孝文帝的經營下，北魏洛陽的典章文物制度都極為可觀，為宮殿之學寫下重要一章。

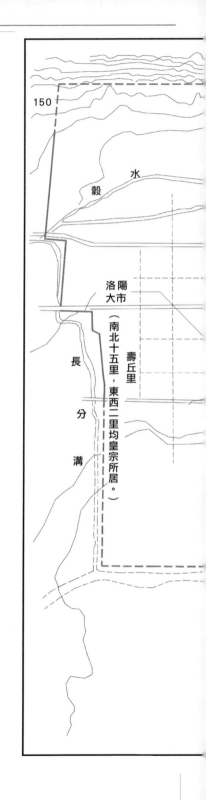

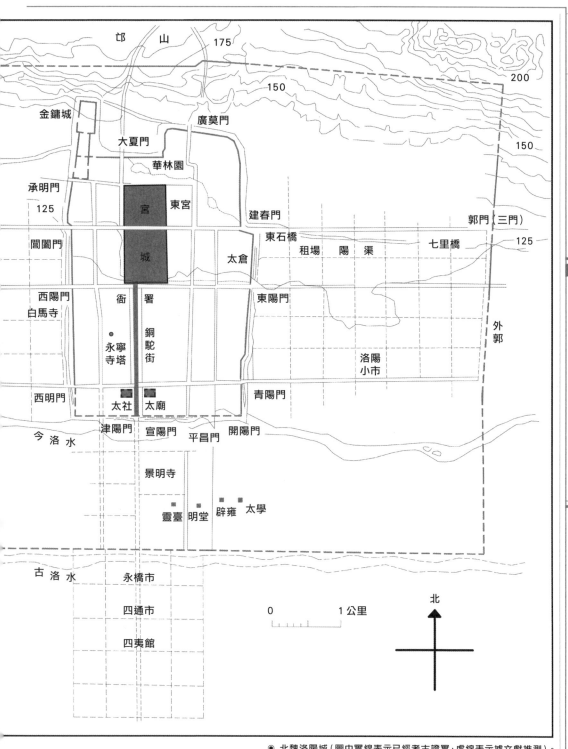

邙　山　175

150

200

金鏞城

廣莫門

150

大夏門

華林園

承明門

宮

東宮

建春門

郭門（三門）

125

城

東石橋

七里橋

125

閶闔門

太倉

租場　陽渠

西陽門

衛　署

東陽門

白馬寺

銅
駝
街

外

永寧
寺塔

洛陽
小市

郭

西明門

太社　太廟

青陽門

津陽門　宣陽門

開陽門

今　洛　水

平昌門

景明寺

北

靈臺　明堂　辟雍　太學

古　洛　水

永橋市

0　　　1公里

四通市

四夷館

● 北魏洛陽城（圖中實線表示已經考古證實，虛線表示據文獻推測）。

隋唐──
陪都身份　規模不及長安

仁壽四年（公元 604 年），隋煬帝下令營建洛陽，又為宇文愷負起設計師之責。
隋唐建都於長安，以洛陽為陪都，因此規模和面積比長安略遜，皇城、宮城、
里坊、街道都相應縮小。

洛陽城北依邙山，洛水自西向東貫穿全城，將它分為洛北和洛南兩部分。都城
規劃分為外城、皇城（又稱太微城）及宮城（紫微城）三重城垣。整體平
面大致呈矩形，據考究，東面城牆長 7,312 米，南面 7,290 米，西
面 6,776 米，北面 6,138 米，面積約 45.3 平方公里，約長安城
一半稍多。

皇城在洛北西端，宮城之南，坊市在洛北東端及
洛南，形成宮城位於全城西北隅，稱為紫微城，
佔地 4.2 平方公里，六倍於明清紫禁城。
沿用最高級別的天子五門體制，正門為
應天門，正殿為明堂，平面方形，
寬 89 米，高 86 米，形制之
巨可以想見，符合國都之
一的應有氣派。三大殿依次
為乾陽殿、貞觀殿、徽猷殿，宮城
核心部分呈正方形，正門、正殿、寢區門
路南北直線呼應，形成一條軸線，向南延伸，穿過
皇城正門端門，再經過洛水上天津橋，直達洛南區，再穿
越外郭城定鼎門，成為一條明確的主要中軸。

皇城位於宮城南面，城內集中建有中央官署，禁苑則建於宮城及皇城之西。

外城周長 28 公里，基址寬 15 至 20 米，共有八座城門；城內街道南北走向，寬窄相若，成棋盤狀，洛南區定鼎門街兩旁劃分成東西坊市，街西四行，街東九行，並開鑿運河，稱為漕渠，引西面洛水入渠東行。洛北區則有 29 坊，闢一坊為市集，全城共設三市，103 坊，每個里坊築有圍牆，猶如獨立小區。

◉ 唐洛陽城

天上三垣拱照

圖中可見，隋唐洛陽城的宮殿區有別於傳統居中的觀念，選址在西北隅。這種做法一來是要遷就洛陽盆地西高東低的形勢，能夠佔據高地，有利盱衡全局；二來都城規劃與天上星垣互相呼應，藉此突出皇帝得天授命的天子身份。從堪輿角度解讀，隋唐洛陽要點包括：

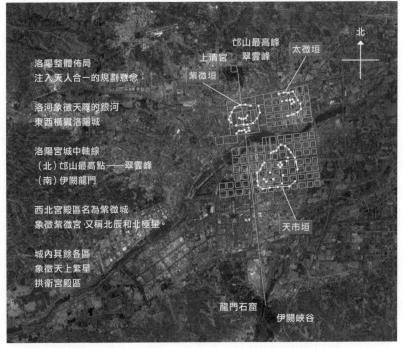

洛陽整體佈局
注入天人合一的規劃意念

洛河象徵天隆的銀河
東西橫貫洛陽城

洛陽宮城中軸線
（北）邙山最高點——翠雲峰
（南）伊闕龍門

西北宮殿區名為紫微城
象徵紫微宮，又稱北辰和北極星。

城內其餘各區
象徵天上繁星
拱衛宮殿區

北

邙山最高峰
上清宮　　翠雲峰
紫微垣

太微垣

天市垣

龍門石窟

伊闕峽谷

● 隋唐洛陽城佈局與立意

（一）洛水由東至西貫城而過，一如秦咸陽渭水貫都，象徵橫貫天際的銀河；

（二）有別於長安城完全置中左右對稱的中軸線，洛陽之中軸線偏左，此舉目的在兼容山水之氣，以邙山為靠山，亦稱鎮山；宮殿區位置在西北，西北為天上紫微垣所在，在後天八卦中為乾，乾為天、為首，獲賦予領導角色；宮殿區中軸線北面對準邙山最高峰翠雲峰，古人認為如此可得鎮山之氣；軸線南面對準伊水中流，兩山如門的伊闕，古代帝王每多以真龍天子自居，所以伊闕亦稱龍門；

（三）宮殿區直接取名為紫微城，用意不言自明。唐李賢注《後漢書・卷四十八》：「天有紫微宮，是上帝之所居也。王者立宮，象而為之。」取名自天帝居所的紫微宮，由此達到天人合一之意，與明清紫禁城之「紫」同義，以至紫微城內有乾元門及乾元殿，宮城的正門亦索性名為應天門。政府衙署在東方，亦即次於紫微垣的太微垣所在，外郭城在都城東南方，是為天市垣所在；在都城內其餘各個里坊，則猶如天上各垣和繁星拱衛紫微垣。連接宮城南渡洛水之橋稱為天津橋，即天子津道之意；城西建有西苑，象徵天界西邊西王母居住的瑤池。洛陽在天成象，在地成形的佈局，與秦咸陽不遑多讓，貫徹堪輿觀念施之於宮殿之學的發展脈絡。

【延伸閱讀】

大運河改變風水大局

隋文帝在位期間，由於用兵需要，開鑿了山陽瀆；隋文帝繼位，將東都洛陽升格為政治中心，並據此拓展全國水路網絡，開鑿通濟渠、永濟渠和江南河，北上至涿郡，西至大興，南下至餘杭，全長 2,700 多公里。從國家的層面，大運河促進物資和文化交流，令偏處一隅之地也得以通達全國，彌補並非置身國家中心的缺點，打破地域隔閡，有效維持國家統一；證諸歷史，自從大運河開通以後，南京、杭州和北京等原本遠離黃河流域的南方和北方城市相繼崛起，漕運便利，帶來經濟繁榮，滿足作為國都所需的條件，令到過去這些尋常州郡竟先後榮膺國家之都。大運河的興建，正是中國前半段歷史走進後半段歷史的分水嶺。

從風水的角度，《青囊序》稱：「水是山家血脈精」，大運河帶氣貫穿中國東南和東北城市，猶如一條生命線，為南京、杭州和北京所在的南北幹龍注入生氣，三地「得水為上」，乘時而起；加上傳統國都長安和洛陽久經戰亂，社會經濟遭受巨大破壞，地位盛極而衰，自此天下重心轉移，地運交替，國都演進脈絡與運河網絡一致，由東西開展變成南北走向，顯見水流對一個地方興衰的關鍵性作用，「血脈精」所言非虛，時局配合下，竟至建邦立都。

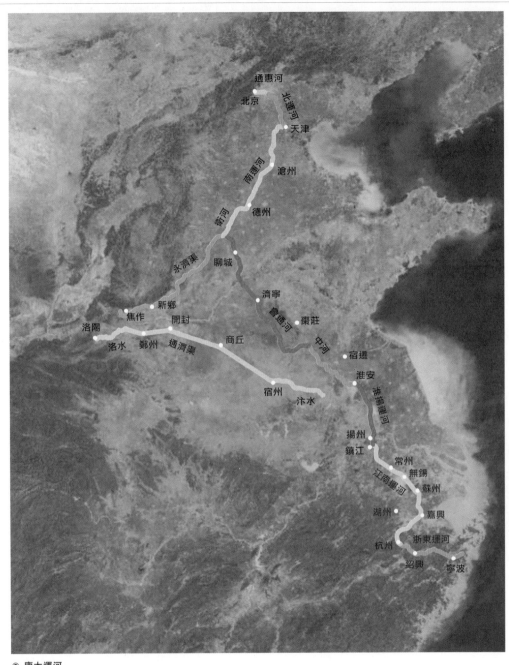

◉ 唐大運河

古邦巡遊

示宗

Chapter 5 ——
Bianjing

★ 又名開封，位處河南省中部偏東的豫東平原，地勢較低而平坦，西峙嵩山，北臨黃河，東北通河北，東南近淮河，河流在此作放射狀向南北分流，可開鑿南北向運河，溝通各方要塞，曠地通達，自古就有「八省通衢」之稱。開封建都史和建城史長達三千年，但作為統一王朝的首都卻絕無僅有，致命傷正是它全開放型的地理位置。

開封 —— 開拓封疆還是開放疆土

開封本身是一個四方無阻的平原，正如秦朝咸陽城沒圍牆一樣，利開創，不利固守，所以它原名啟封，由春秋時鄭莊公所定，原意是啟拓封疆，把國力向中原擴展；後來為了避漢景帝劉啟諱，改名開封。從漢唐定都長安洛陽到宋朝改都開封，是中國歷史到達中期的一個重要轉折。據清代學者顧炎武在《歷代帝王宅京記》所載，自夏商以來中國的京城（包括陪都）多達300處，汴京作為全國京城的年資不算悠久，規模亦欠恢弘，能在歷史留名，與宋朝經濟的空前繁榮不無關係。汴京廢除唐朝的里坊制，是第一座開放式街巷式都城。宋太祖趙匡胤棄古都長安洛陽不用，定都在河道縱橫，一馬平川的開封，改名汴京。

經濟凌駕政治

前文曾引述過《周易·象傳·坎》：「地險，山川丘陵也，王公設險以守其固」；鄭樵《通志·都邑序》亦稱：「建邦設都，皆憑險阻。」

自古都城選址，地理形勢為首要考慮條件，每多選取龍蟠虎踞、形勢險要之地作為防守資本 —— 拓外雖難，穩內卻易，至少能保住局面，例子有長安；最忌是平坦曠野，中門大開。汴京所處的豫東平原是華北大平原邊緣，除黃河外，基本上沒有任何屏障，且河水冬天結冰，更談不上險阻。汴京欠缺的就是一種崇山峻嶺、開闊江河帶來的鉅勢強形（在下章臨安中還會再談），也就是堪輿上說的大格局，它不止是一種可純粹量化的面積大小，而是一種令人震懾的氣勢，作為一國之都，這是無法彌補的缺失。

汴京的前線太原、中山一擊即破，北宋太祖趙匡胤軍人出身，不會不知道漏洞所在，因此一直對定都開封耿耿於懷。汴京在唐朝時原是宣武軍節度使的駐地，只屬一個州城，升格成為首都，安全系數要求大增，其坦蕩的地理位置成為朝野間幾番爭論的重點，最後定都於此，其實是一個經濟凌駕政治和軍事的決定。原因是汴京有汴河、蔡河、金水河和廣濟河四河匯聚，把黃河引入淮河，能通天下漕運。古代陸路運輸成本太高，汴京的交通網絡優勢，遠超其他古都；也有意見認為，其時「國家根本，仰給東南」，在簽訂了「澶淵之盟」後，北宋對契丹仍處處提防，一旦對方撕毀和約，揮兵南下，汴京能借助居中地利，收集東南以至川蜀的繁盛經濟力量，作為用兵的開支和補給。

不過，說來未免諷刺，正因汴京無險可守，只好加強防務，北宋京師一帶的常駐軍隊達 30 萬，連營設衛，企圖以人數代替天然險阻，造成大量冗兵，反過來增加了經濟開支，宋太祖趙匡胤也稱：「不出百年，天下民力殫矣。」（《宋大事記講義‧卷三》）。而且在內重外輕、強幹弱枝政策下，地方兵微將寡，令北宋禦邊能力薄弱，對金兵屢屢稱臣，甚至對西夏也處於劣勢，最後只好割地賠款。北宋為經濟原因在開封建都，又為建都弄垮了經濟。

汴京四神不全

如果長安是四神全的正面範例，汴京則是四神全的反面教材。

有別於長安得渭北山脈、秦嶺渭河等山川丘陵險阻，汴京完全無險可守，政治上和防衛上都是國家之大患。宋太祖在經濟與安全之間選擇了前者，也變相罔顧了風水上四神全的要求。果不其然，北宋末年，金兵南下，汴京迅即失陷，是為歷史上著名的「靖難之變」，徽欽二宗被擄；而黃河泛濫，既無山巒阻隔，更將汴京沒頂，至今都城滅跡，藏身潘湖湖底千年，僅餘鐵繁二塔見證故都滄桑。

神獸化作吉祥物

在前言及長安一章已經述及，四神是玄武、朱雀、青龍、白虎，在穹蒼中各守崗位，保護星宿間的秩序和和諧，亦有稱來自部落圖騰，為族人祛邪、避災和祈福。先民面對大自然的侵害完全無能為力，一遇天災便家毀人亡，於是只好通過想像，虛構出具備庇蔭力量的神獸，四方照顧周到，發揮護宅作用，好得享周全。隨著社會進步，文明逐步發展，這種寄望演變成一套附屬於風水之中的文化符號，四獸若然俱存又佈局合適，比例恰當，作用宛如今天吉祥物，可庇佑主子。

◉ 四神圖

唐楊筠松著《撼龍經》說：「聚處方為龍聚宮，四獸不顧只成空。」

理想的格局以玄武為靠山，朱雀納氣，青龍白虎為左膀右臂，又稱護砂，中央土得四神相應，呈環抱形勢，謂之四神全。

反過來說，四神不全就是背後無山可靠，左護右衛的青龍白虎從缺，前面朝山失跡，朱雀起飛無地。如此一來，中央要地恍如無門之宅，風水上的「藏風」無從說起，北宋便任人予取予奪，飽歷自然侵害和外族欺凌。

「如夢幻泡影」 開封城「應作如是觀」

洛陽與汴京同是中原地區的古都，距離約 190 公里，北面都是黃河，然而歷史上洛陽從未遭受黃河水淹，汴京卻多次浸沒，分別正在於洛陽北有邙山之隔，即使黃河泛濫，也不會被洶湧河水波及；汴京恰好相反，據記錄僅在金朝至民國期間 700 多年，已經決溢 300 多次，七次被淹。

從汴京開車向北走，半小時便到黃河，兩地相距不過 15 公里。黃河上游的黃土高原一帶，每年帶著大量沙泥進入華北平原，直搗無天然屏障的汴京段河床，導致河床每年抬高約十厘米，積年累月，竟然高出汴京城十多米，被稱為「地上懸河」。黃河泛濫的威力，造成開封「城摞城」的奇觀。摞是堆積的意思，不同朝代建設於開封的古城，遭受滔滔的河水和沙泥吞噬，一層壓著一層。

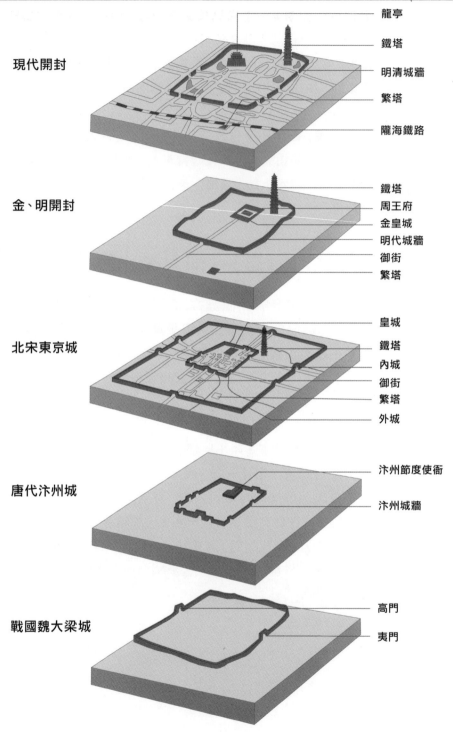

現代開封
- 龍亭
- 鐵塔
- 明清城牆
- 繁塔
- 隴海鐵路

金、明開封
- 鐵塔
- 周王府
- 金皇城
- 明代城牆
- 御街
- 繁塔

北宋東京城
- 皇城
- 鐵塔
- 內城
- 御街
- 繁塔
- 外城

唐代汴州城
- 汴州節度使衙
- 汴州城牆

戰國魏大梁城
- 高門
- 夷門

◉ 開封歷代城摞城奇觀

城摞城的說法，一直只見於文獻記載，沒有實質考古證據。直至 1981 年，當地園林部門打算如常在龍亭公園前的潘湖湖底清除淤泥時，發現很多磚瓦層的建築痕跡，原來在離湖底不深的淤泥下，埋藏著明代周王府的遺址。這個偶然發現，啟發了考古團隊的靈感，四出在開封考察，陸續在地下 3 至 12 米處，發現依次壓著包括戰國魏惠王的大梁城、唐汴州城、宋開封城、金汴京城、明清開封城在內的三座國都、兩座省城及中原重鎮，屢淹屢建，屢建屢淹，當中城市格局和中軸線幾乎完全沒有變過。

開封城缺四神的格局，承擔了忽視古人智慧的苦果，再加上戰火頻仍，令開封城瀕臨灰飛煙滅，沒有重大歷史遺蹟保留下來，恍如夢去不留痕。難怪有關汴京的歷史和文學作品，經常以「夢」為名，如南宋初孟元老的《東京夢華錄》、清初無名氏的《如夢錄》和現代黃仁宇的《汴京殘夢》，後者描繪了我們熟悉的《清明上河圖》作者張擇端成畫的過程。

汴京京城佈局

汴京為承擔國家機關和龐大軍隊進駐的需求，進行了改建，以原隋唐衙城為宮城，原州城為內城，外面再加一圍羅城，所以建築密度很大，土地使用率亦高，但以國都規模而言始終細小，只及隋唐長安城十分之一。

改建後，開封城是一個皇城居中，外城、內城、宮城三重城垣層層套疊的格局，造成一個多重封閉空間。《周禮·考工記》中雖已確立王宮居於城中央的理想模式，但西漢長安、東漢洛陽、曹魏鄴城、隋唐兩京都未有跟隨，而是一面或兩面緊靠外城，原因是前朝經常發生宮廷武力政變，皇帝為策自身安全，緊靠外城方便迅速逃命，說明了理想歸理想，始終要顧及現實考量。至於北宋的王者居中方式，整體呈「回」字形，則是對現實的另一種回應，這一方面呼應了《荀子·大略篇》「王者必居天下之中，禮也」的觀念，禮制上得到天下百姓的認同，另一方面北宋重文輕武，主要威脅並非來自內朝，而是契丹、西夏和女真等外患，君主居中，可得到外城和內城的層層保護，防止外敵直接威脅。建築形制之別，反映了歷史的面目，一如專研中國古代建築史的郭黛姮教授說：「建築，是歷史信息的載體。」[01]

咸豐水門
金耀門
闔闢門
開遠門
大通水門
順天門
宜秋門
宣澤水門
崇明門
外
廣利水門
安上門
蔡

---

01 〈對話圓明園研究會長郭黛姮：古建築保護最大的難點是保留歷史信息〉，騰訊網，https://new.qq.com/rain/a/20190422A0LB5V

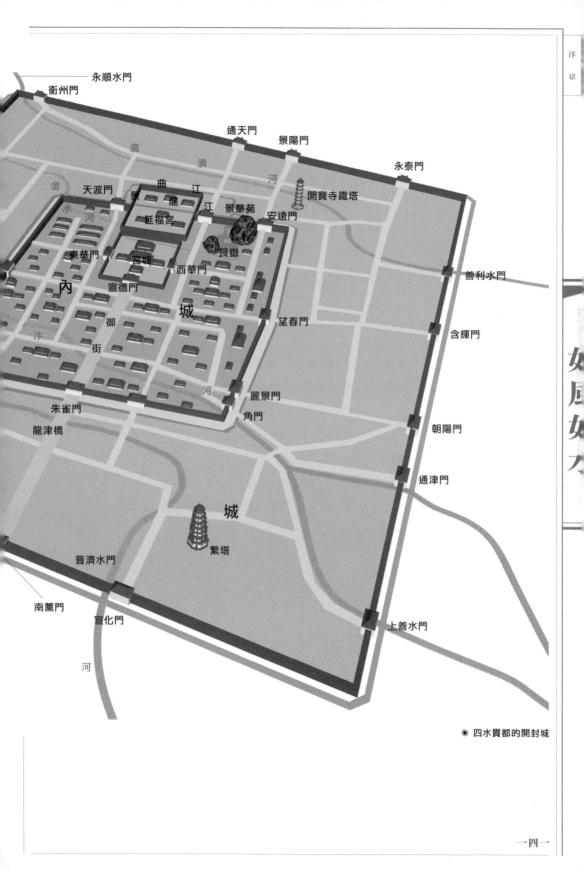

永順水門
衛州門
通天門　景陽門
永泰門
廣濟
河
金　天波門
水
河
曲　江
江
江
延福宮　景華苑
安遠門
開寶寺鐵塔
東華門　宮城
良嶽
內　西華門
宣德門
城
望春門
善利水門
御
含輝門
街
汴
河
麗景門
朱雀門
角門
朝陽門
龍津橋
城
通津門
繁塔
普濟水門
上善水門
南薰門
宣化門
河

◉ 四水貫都的開封城

開封城遵從坐北向南的傳統，子午線與軸線對稱，但外城和內城並非完全方正，而是呈菱形的相反佈局，外城長軸為西北－東南向，內城長軸則為東北－西南向，展現出一種特殊美學的平衡；至於宮城大致保留南北向。據學者王明蓀引用的資料顯示，汴京外城東長 7,660 米，南長 6,990 米，西長 7,590 米，北長 6,940 米，總長度為 29,120 米，面積約 52 平方公里；外內城相加，共有 17 座城門，城內主要街道約 12 至 16 條；內城南北各有三座城門，街道約 12 條；宮城面積約 6.2 平方公里，設城門六座，正門在南面，名為宣德門，巍峨威嚴；主要政府機構在宣德門之外，通過御街直通外城南門南薰門，街道約有七條。宮城規模次於長安和洛陽，國勢亦不及定都此二地的漢朝和唐朝。

宮城又稱大內，南面前朝部分有四座大門，直通舉行重大典禮及朝會的大慶殿，規模浩大，據稱可容數萬人，地位儼如宮城正殿；緊隨其後有五座大殿，分別是紫宸殿、需雲殿、崇政殿、景福殿和延和殿，分別用於朝會、郊廟典禮受賀、策封進士、觀戲及舉行宴會等場合，而拱辰門後則為皇帝的寢區，以延福宮為核心建築。在宋徽宗時期，聽從道士劉混康建議，於東北方建有大型皇家園林，名為艮嶽（後天八卦，東北為艮），而在內城外右端分別建有鐵塔和繁塔，聳峙汴京。

四水貫都

國都逐水而建，早有先例，汴京城內更是河道縱橫，至少有四條河流流經，各有不同作用。由北至南排列，分別是廣濟河，又稱五丈河，主要負擔起漕運工作；金水河，又名天源河，直接流入大內，為皇宮供水兼灌澆宮苑；汴河，運送江、淮、湖、浙米糧到開封；蔡河，又名惠民河，主要也用作運送物資。

廣濟河長約 200 多公里，汴河長 300 多公里，金水河雖較短，也長 11 公里，三條河流迢長綿遠，汴京選址在其匯流之處，背後不排除經過一番風水考量。若細心觀察，除蔡河外，餘者皆是西北－東南走向，繼鄭州和安陽之後，又再符合中國西北高東南低的地理大局。

後天八卦方位上，乾卦在西北方，又稱天門，巽卦在東南方，又稱地戶。汴京城內河道的流向，從西北往東南，完成了一個簡單但完整的貫穿天地的過程，合乎中國的自然規律，與風水所追求的順天應人初念一致。易理中，天地不能閉塞，必須通氣，不然就是一個不交不通的天地否卦。風水典籍《天玉經》是一本解釋《洛書》盤的書，其中〈內傳下〉劈首有此二句：「乾山乾向水流乾，乾峰出狀元。」說《洛書》盤，其實亦論風水大局，前文曾剖釋鄭州和安陽的河流走向，皇帝所在的都城來氣在乾，代表王權授命於天，禮制之首的角色得以強化，汴京原因相同，茲不贅，只想說明，由夏商至宋歷經近三千年，對八卦方位的認知和使用根深蒂固，宮殿之學有一套完全有跡可尋的發展脈絡。

「神課」「看命」「決疑」

《清明上河圖》是北宋宮廷畫師張擇端的名作,堪稱汴京版浮世繪。據統計,內裡所畫人物多達 800 多人,樓房 30 多棟,還有諸多牲畜、船隻、車輛穿插其中,猶如一道中古中國繁華都市的風景線。其中一景,茅屋下掛著三條直幡,上面寫著「神課」、「看命」、「決疑」,一名信眾正在問卜前程,算命先生老神在在,一副成竹在胸,旁邊還有幾個多事的看官,情景煞是有趣。事實是,宋代坊間從事問卜業的人數極多,王安石便說過,單在汴京已有近萬名業者,問卜風氣極盛,和今天相比恐怕不遑多讓。

◉ 《清明上河圖》節選

「天九」

相傳天九產生於宋代，曾經十分流行。一副天九由 32 隻牌組成，分為文子（22 隻）和武子（10 隻），文子中最大的兩隻牌稱為「天」，共 24 點（各 12 點），象徵二十四節氣；最小的稱為「地」，共 4 點（各 2 點），象徵東、南、西、北四個方位；另有介乎中間的「人」，共 16 點（各 8 點），象徵 16 種處世道德要求，餘不一一闡釋。連民間玩藝也滲透陰陽思想，何況擇地建都，宮殿佈局此等大事，更沒有不參考的可能。

大師也談玄

民間以外，士大夫也熱衷研習風水。受惠於隋唐以後科舉制的流行，《易經》作為考試範圍的眾經之一，令自唐末以降，玄學逐漸流入民間。宋代重文輕武，醫卜星相作為讀書人的「副業」，地位也得以提高。有不少士大夫和學者撰寫和注疏風水書籍，例子有《陰陽理學》和《葬書注》等，甚至大名鼎鼎的理學大家朱熹和程頤程顥兄弟，也是風水信徒。朱熹祖籍江西上饒，那裡正是唐朝風水大師楊筠松江西派的大本營，耳濡目染下，朱熹尤精於以老本行 —— 理氣來解釋陰陽二宅的風水理論。其中最為人熟悉的風水事蹟當數《山陵議狀》，指應在思陵一帶找吉穴為宋孝宗下葬，關乎一場有關皇陵風水的論爭，後來更引起「慶元黨禁」的軒然大波。

【延伸閱讀】

風水只能在中國看

筆者多次強調，風水的理論，是中國先民從觀察山川形勢等自然環境，再配合特有的文化習性而來，中間經過百年生聚，百年教訓，具有濃重的本土特色，應用只限於中國之內。

誠然，一些放諸四海皆準的基本原則可以通用，例如擇居在河流凸出一面的環抱水，或者避免在有滑坡危險的敗龍上建屋；然而一涉及方向性的訣竅，便馬上此路不通，因為風水必然與地理形勢結合，而每個地方的地理形勢各自不同，不可一概而論。以中國為例，中原是坐標中心，崑崙山一帶的西北地勢高聳，而中國人基於對天的崇拜，又以高為尊，所以皇帝自稱天子，令西北為乾的「乾山乾向水流乾」別具意義，「出狀元」，這裡應解作臻至善境，在一直強調禮制級別的中國文化要義中，至境只供統治者盤踞，所以《易經》中九五等至中至正的尊位，由皇帝獨享。

然而在其他地方的西北，可以是平原、沼澤甚至狹谷，失卻高位的乾地位不再，再唸乾山乾水還有什麼意義？用之又有什麼得著？

舉一個例，與中國有一座大山之隔的南亞地區如印度、尼泊爾和巴基斯坦，高聳的喜馬拉雅山在其東北矗立，八卦中東北為艮，以大局而言，則是「艮山艮向水流艮」。乾卦和艮卦卦象截然不同，引伸亦異，完全沒有兼容空間。

況且，不同的生活環境，養成不同的群族習性和文化取向，例如尼泊爾的山區天氣與中國中原地區判若鴻溝，兩地人的觀念和行為怎可能相提並論？至於澳紐等南半球國家更不用說了，風水本源自應對生活環境的經驗和智慧，當基本環境差異如此之大，如何可把風水隨便輕率挪用？

所以，從嚴謹的尺度來說，風水只能在中國看，我們傳統的「仰觀天象，俯察地理，中參人和」，是一套地地道道的三才觀，若然放諸四方，很容易水土不服，準繩成疑，隨時看了等於白看，甚至斷錯症，下錯藥。

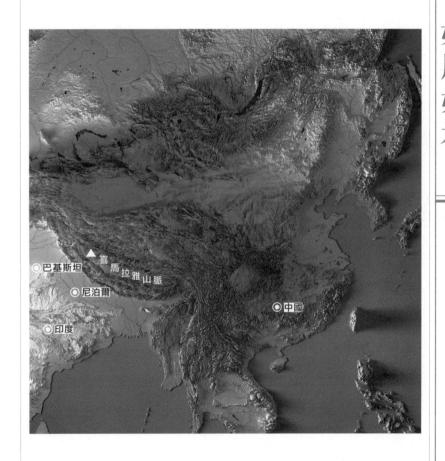

臨安

第六章

Chapter 6
Lin'an

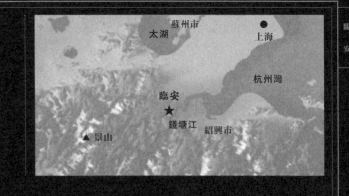

★ 即現在的杭州，位於浙江省北部，北面為富饒的長江三角洲平原，南瀕錢塘江，西依群山，東鄰大海，面積約16,000平方公里，境內有天目山脈和昱嶺山脈，位處京杭大運河的南端，水利發達，物產富饒，自然風光明媚，向為文人墨客稱頌，五代十國吳越國和南宋期間成為國都，為時皆不算長久。

從治府升格到國都

杭州在古代是吳越之地,後為楚地,六朝時仍十分偏僻,到隋朝才在此依山築城,開鑿棧道,江海陸路和城市得以貫通,成為歷史上最早的杭州城。隋煬帝定都洛陽,有見江南地區富庶,於是在前朝的河道基礎上,鑿通一條由洛陽直通杭州的水路,把江南一帶的物資通過漕運,源源送抵京城。官式建築群的興建則遲至唐朝才出現,五代吳越國以杭州為都城,依照國都形制建設,擴大了杭州的城市規模。

北宋和南宋同氣連枝,首府汴京和臨安也彷彿命運共生,都是由府州級地方行政機構轉變為全國行政中心的例子。在漢唐盛世,國都以外還設有陪都,分擔不同職能,南宋偏處一隅,幅員有限,談不上有陪都,首府臨安一身肩負各種功能。

地勢狹窄的杭州作為國都,原本並不及格,南宋開國皇帝高宗趙構的決定自有隱衷。北宋末年,金兵大軍壓境,宋高宗倉皇南逃,到處流徙,在溫州避了 40 天,甚至躲到海上,靠岳飛、韓世忠擊退金兵,才返回杭州,升格為臨安府,臨時整修皇宮,當中考慮有二:一是臨安北市南宮,平民聚居在北面,若金兵南下,宋高宗也能藉民居阻敵,乘機竄入城南的錢塘江逃難,而且江南地區湖河密佈,亦可困擾善於騎射作戰的金人;二是臨安一帶在北宋時期已是全國糧倉,也是國家財富的主要來源,經濟富裕,適宜養精蓄銳,休養生息。

表面上，宋高宗不敢忘卻恢復中原之志，改年號建炎，按照五德終始說，宋為火德，炎有兩火，目標是重建大宋的基業，所以僅以臨安為行都，或稱行在所。臨安意指並非真正國都，同時亦有意降低宮中的建築規格和形制。眾所周知，九是皇帝的御用數字，皇宮門闊九間，皇帝稱九五之尊，然而臨安南內的皇城和北內的慈福宮只闊五間，宋高宗此舉並非刻意矮化自己，而是遵守行在所的規定；甚至皇帝起居的內廷宮殿，取名都有勵精圖治、還我河山的氣概，例如就寢之處竟稱勤政殿，起居之處稱復古殿。

不過，名字改得再好，行為騙不了人，宋高宗畢竟缺乏跟金人正面對壘的勇氣，否則應將國都選址於南京，跟金人隔長江相對，而非遠走東南一隅的杭州，於是後來他以莫須有誣陷岳飛，就不令人意外了。

缺乏鉅勢強形

前章已經指出,古人對擇地建都有一套嚴格要求,以足夠的防衛力居首,借助山川形勢等天險抵禦外敵;地勢也要夠開闊,能夠展現國都的恢弘氣派,並滿足容納眾多人口及建築的實際需要。

臨安擁西湖勝景,秀麗有餘,局面欠奉,從來不是全國政治中心、軍事重鎮,因此不受歷代統一王朝青睞,至南宋時得以躋身首都,只是歷史的一次偶然。

臨安欠缺秦嶺、邙山和太行山等崇山峻嶺,亦無黃河長江等大水天險,受西面西湖、東面浙江所挾,整體地形狹窄,氣勢疲弱,難以籌劃合乎國都禮制的大格局。即使城內河道縱橫,漕運發達,然而顯然不足以據此固守。回顧歷史,臨安屢屢遭輕易搗破,北宋末金兵進襲,趙構已曾經放棄杭州不守,寧願逃往海上;到南宋末年,元兵南下,杭州頃刻失陷;又到清中後期,太平天國自南京東進,兩次摧枯拉朽,輕取杭州。

南宋臨安的弱點,跟北宋汴京相同,就是缺乏一個國家首都應有的「形勢」。歷史地理學者周振鶴指出,在傳統中國,首都需要的是「鉅勢強形」,而所謂形勢,其實就是一種政治地理特徵,「居高臨下,坐東鎮西,坐北制南,都是一種勢,一是氣勢,二是地勢」[01]。風水的大格局,說的也是一種形勢,然而臨安的地理形勢卻背道而馳,所以國勢亦相應頹弱,歷來遭受冷待,自有原委。

---

01 周振鶴:《中國歷史政治地理十六講》第十三講:中國歷史上五大都城定位的政治地理背景,香港中華書局,2013 年。

風水上，龍脈過峽，河流動向，穴旁的朱雀、玄武、青龍、白虎，內外明堂組成的各個面貌，決定了氣勢的強弱、局面的高低。長安洛陽的秦嶺渭水、邙山洛河，南京龍蟠虎踞的鍾山、石頭山和天險長江，至北京的太行山和永定河都是鉅勢強形，四神俱全，於是榮膺歷史上名都名城。相反，北宋汴京一馬平川，導致靖難之恥還不足訓，南宋君主仍然選擇苟安於狹小的臨安，重蹈覆轍，一個國都需要的懾人氣勢交了白卷，滅亡結果亦在預料之內。南宋之後，臨安仍是江南經濟文化的核心城市，不過礙於大局形勢，難再勝任一國之都。

臨時安置的臨安城

建築學者傅熹年形容兩宋的汴京和臨安，是「中古都城向近古都城演變的一個轉折點」[02]。無巧不成書，這句話形容兩宋都城的風水佈局同樣適用。中古都城的長安洛陽，大局四神俱全，宮殿坐北向南，到了宋代來個大轉折，北宋四神不全，南宋坐南向北。客觀的事實是，北宋國祚 167 年，南宋 152 年，相比於定都長安洛陽的漢唐為短；而且北宋與外族對峙，一直處於劣勢，靠簽訂和約苟延殘喘，南宋更只得半壁江山，對外北伐無力，國內權臣輩出。當然公道一點說，兩宋經濟繁榮，文人輩出，甚至稱得上科技先進，只是政治失勢始終是致命傷。若要考究風水的原因，是北宋罔顧四神全的要求，欠缺固若金湯的防守，而南宋則犯了國都南北倒置的大忌，主客易位，君卑臣尊。

02　傅熹年著、盧嘉錫總主編：《中國科學技術史：建築篇》，北京科學出版社，2008 年，第 345、350-351 頁。

臨安

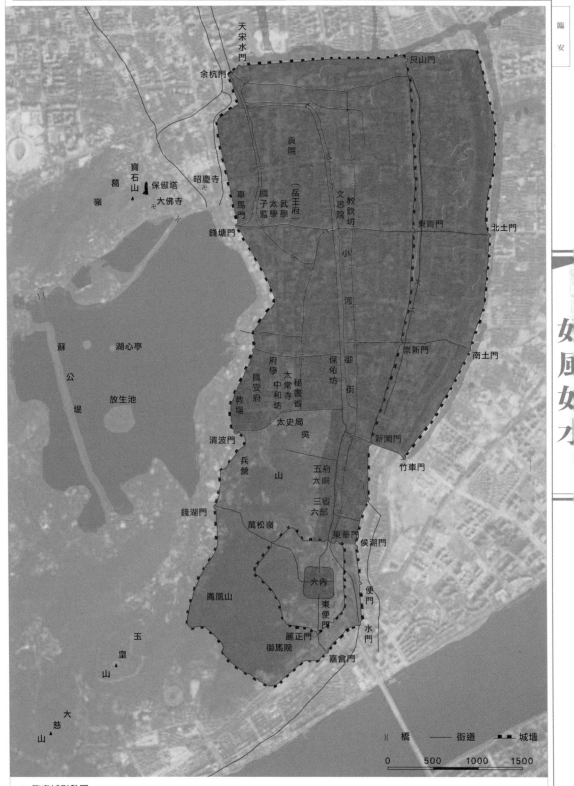

天宋水門
余杭門
良山門

寶石山
葛嶺
保俶塔
大佛寺
昭慶寺
貢院
車馬門
國子監
太學
（岳王府）
武學
文思院
教欽坊
東青門
北土門

蘇公堤
湖心亭
放生池
臨安府
教場
府學
太常寺
中和坊
秘書省
太史局
吳
保佑坊
小河
御街
崇新門
南土門

清波門
兵營
山
五府
太廟
三省
六部
新開門
竹車門

錢湖門
萬松嶺
東華門
侯潮門

鳳凰山
大內
東便門
便門
水門

玉皇山
麗正門
御馬院
嘉會門

大慈山

)(橋　　── 街道　　▪▪▪ 城牆

0　　500　　1000　　1500

◉ 臨安城形勢圖

臨安地形東西狹窄，南北修長，外形不規則，像腰鼓形狀，所以又稱腰鼓城，格局較北宋開封更小，其整體規劃受舊城格局影響，欠缺規模，宮殿亦不夠壯麗恢宏。城南面有鳳凰山，是整個臨安的制高點，能藉此控制全城形勢，以往州治之所因地制宜，建在鳳凰山東面山麓。南宋定都臨安後，將州治之所進行改建，因此宮城也位於城市南部，前後經過 30 多年經營和增建，才大致成型。據記載，臨安城周長九里，外城共有 13 道城門，南城牆一門，北城牆兩門，東城牆六門，西城牆四門，數目並無明確規則法度。

北宋時期，杭州州治以北為正門，到南宋改為行宮，需以南為正門，故在皇城南端建麗正門，但由於百官衙署俱在城北，相距麗正門甚遠，出入極為不便，於是平時使用皇城北面的和寧門進出，實際上才是正門，麗正門僅用於舉行朝會或接見使節，近乎形同虛設。皇城內還有一座宮城，入朝者從北門進入後需繞東牆，再轉入南宮門內。

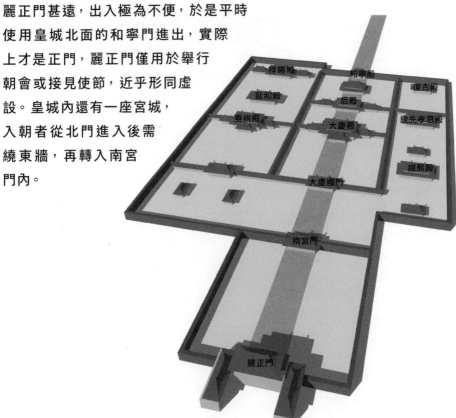

◉ 臨安城圖

倒騎龍格局

和寧門北通御道，又稱御街，是臨安城的主要幹道，貫穿南北，至城北景靈宮止，全長約 4,500 米。城市空間有限下，一些原屬於皇城內的重要地標建築如壇廟、太廟和三省六部衙署等，和民居商戶混雜在街巷中，俱置於城市北面，打破過去行政和民居規劃分明的做法，令國家一直強調的權威難以清晰展示。大體格局坐南向北，呈現所謂「倒騎龍」的格局，亦稱為倒座，這顯然是一種臨時措置，與宋高宗的苟安風格不謀而合，卻變相把南宋政權面北而治，打破過去「聖人面南而治」、「向明而治」的做法，完全顛覆傳統體制。在中國王朝的國都史上，坐南向北的佈局這是第一次，也是最後一次。

我們要知道，皇城坐北向南，有它的理論基礎，也有實際需要。中國的宮殿之學中，天人合一一直是重要元素，天上的紫微垣位於正北方，紫微代表天帝，北方被賦予了領袖的涵意，建在地上的皇城亦以北為尊，與之呼應，此其一；中國是大陸性氣候，古人很早已經發現，北方冬季寒風凜冽，向南能採納陽光，感覺溫暖，因此一般選擇坐北向南，方為宜居之所，北魏洛陽城即為顯例，此其二。

一時權宜下，南宋國都南北倒置，有悖風水一直依循的地理和氣候考量，而且更重要的是，違反天人合一的原則，失去坐北之尊，向南更帶有臣服意味。南宋君主不管朝內朝外，都成為弱勢政權，原本一人獨大，反而聽命於人。立國百餘年間，竟大半時間皇權旁落，權臣輪流專橫擅政，為臨安城的倒置佈局加插實例注釋。部分權臣的犯上僭越行為包括：

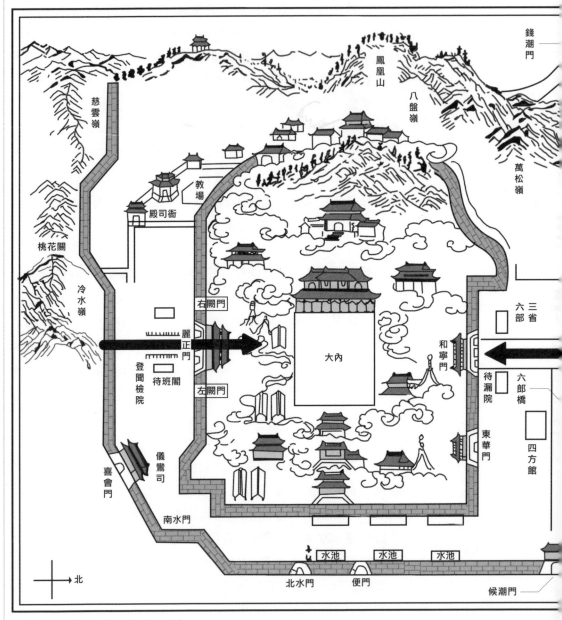

● 南宋皇城倒騎龍圖（據《咸淳臨安志》）

清渡門

寶山
鐵冶嶺
七寶山

駱駝嶺

寶蓮山

太廟

五府

御街　朝天門

州橋

通江橋

保安門
保安水門

一　秦檜，獨攬相權 19 年，「挾強虜以要君」，力主對金議和，相傳成功慫恿宋高宗用十二道金牌召回抗金將領岳飛，並以莫須有罪名將之處死。秦檜權傾朝野，宋高宗忌憚其不止三分，朝上優遇有加，言聽計從，親賜祭器，又為秦檜畫像做贊。

二　韓侂冑，著名外戚權臣，先和趙汝愚合謀，迫光宗禪位，擁其子趙擴成宋寧宗，再鬥走趙汝愚，自任宰相，把持朝政 13 年，假作御筆，升黜將相，不向皇帝稟告；又發動「慶元黨禁」，排斥異己。

三　史彌遠，與韓侂冑爭權，掌權後篡改宋寧宗遺詔，扶植宋理宗為傀儡皇帝，自己在背後操弄朝政，長達 26 年，期間納賄貨賂，大量印造新會子，導致幣值大跌，物價飛漲，民不聊生。

四　賈似道，官至太師、平章軍國重事，氣焰高張，平日入朝退朝，宋理宗先行避席，待賈似道出殿後始敢坐，更恭稱他為「師臣」，百官則稱他為地位顯隆的「周公」。他自把自為，割地賠款，向蒙古軍求和。

土地問題下的環保大殿

南宋皇城大約只有北京故宮三分之二的面積，當時政局動盪，
國庫空虛，皇帝也要省建儉用，只能按「行宮」建設，盡量利用
原有建築和城垣佈置宮殿。

皇城首數年由州治改建，建築形制因陋就簡，皇宮大殿更是個
「多功能大廳」，一殿多用。北宋汴京的宮殿佈局，前朝部分
共有六座大殿，以大慶殿為首，其餘五殿各具不同功能；南宋
臨安城的宮殿，名義上沿襲北宋，實則六合一體。皇宮大殿原
名大慶殿，或慣稱金鑾大殿，歷來只在重大朝會時動用，而且
會按不同情況，經常更換牌匾：

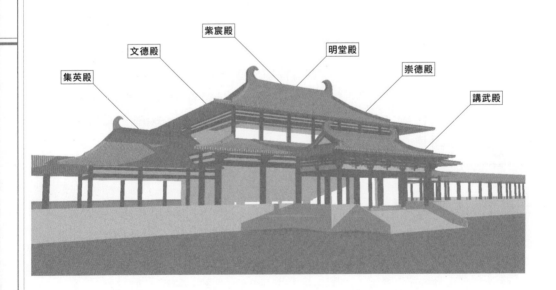

集英殿　文德殿　紫宸殿　明堂殿　崇德殿　講武殿

㈠皇帝做壽，叫紫宸殿；

㈡狀元殿試，叫集英殿；

㈢百官聽喻，叫文德殿；

㈣皇帝祭天拜祖，叫明堂殿；

㈤宴對奉使，叫崇德殿；

㈥武官授名，叫講武殿。

象徵皇權的建築，體積與等級向成正比，皇城的核心金鑾大殿，更要雄偉巍峨，彰顯巨大氣魄，方能震懾人心，令臣民甘願匍匐膜拜。然而南宋臨安城地形狹小，大殿之名隨拆隨安，兒戲宛如鬧劇，威權從何建立？其實不論風水，國勢亦可思過半。

不對稱的中軸線

臨安受土地問題的影響不止一端，為配合鳳凰山地形，宮城佈局中代表皇權象徵的中軸線也要坐歪，北面和寧門、南面麗正門不能對成直線（見前頁），令臨安的反常事例又添一筆，七除八扣下，南宋皇權又如何彰顯？難怪南宋歷史特別多太上皇，未知是否意興闌珊之故。需知中軸線代表終極權力，意義巨大，歷來統治者從來不肯讓人，只供皇帝專用。明清之際紫禁城內的中軸線，規定僅得三類人可以通過，一是皇帝，二是與皇帝大婚時的皇后，三是狀元大登科之日。今日我們到紫禁城能隨時沿著中軸線往來，在往日皇權時代是完全不可想像的。

古都巡遊

廣宗

第七章

Chapter 7 ────
Nanjing

★ 位於長江南岸寧鎮山脈西段，北面是黃淮平原，向西經江漢平原至四川，順流東下是長江三角洲，向南是杭州蘇州，令南京成為大江南北的要津。主城在江南，跨江而立，總體地勢北高南低，西北有長江天險，西南面有石頭山踞於江邊，南臨秦淮，東北矗立寧鎮山脈最高峰的鍾山，與西側餘脈富貴山、覆舟山、雞籠山，形成城北又一道屏障，與長江並列，形勢挺拔險要。

存在於歷史的轉角

南京位處長江下游中心，江河從安徽的蕪湖，自西南向東北而上，在寧鎮急轉向東，形成一個弧頂向北突出的長江大轉彎，南京就在這個大轉彎的頂端，命運也一樣轉折。

南京作為首都，每多在國家分裂、歷史轉換的關頭，雖然號稱十朝古都，然而各個在此建都的政權，幾乎都逃不過短命王朝的宿命，最長的國祚不過逾百年，又或不免遭受國都遷徙的折騰。

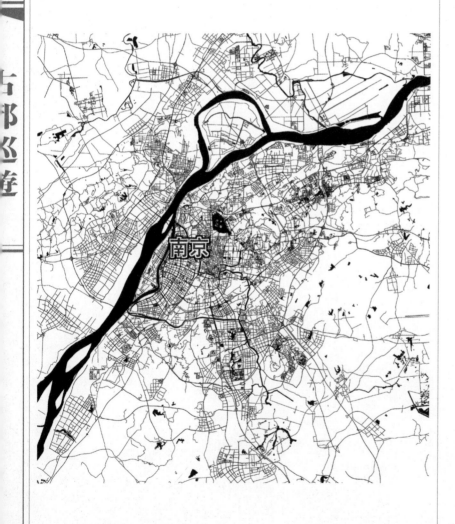

朝代／時期	國祚	朝代／時期	國祚
東吳	58 年	南北朝：陳	32 年
東晉	103 年	五代十國：南唐	39 年
南北朝：宋	59 年	明	53 年（1421 年後改以北京為國都）
南北朝：齊	23 年	太平天國	11 年
南北朝：梁	55 年	中華民國	27 年

看南京多舛的命途，不得不佩服古代中國人擇地建都的智慧，為什麼要強調氤氳壅聚，四神圍攏，河流緩行的安穩宜居境界？因為我們知道，在江河急轉彎的地方，外沿衝擊力大，水流必較湍急，甚至出現漩渦激流，失諸平和折衷，不為中國人所喜。一地地望如是，國事亦如是，歷來定都南京的國家，歷史跨度雖大（由三國到民國），國勢卻總難喘定，然後在瞬間消亡，不能長治久安。風水關乎地理，信乎？

厭勝下的產物

南京又稱金陵或秣陵，名字相傳跟風水有關，其中又涉及克敵的厭勝之術（關於厭勝，請參閱長安一章）。早在春秋戰國時，厭勝已為人所用，用家更是帝王級身份。

◉ 金陵出處

戰國時，楚王滅越，登上獅子山頭，但見風景壯麗，大地我有，正沾沾自喜之際，忽然臉色轉沉，左右問故，楚王說此地環境雖好，但王氣太盛。隨從請來巫師，建議在山下埋下一批黃金，用此鎮住王氣，可保不出帝王，楚王從之。按皇家習慣，建在地上之建築物為宮，地下為陵，此地埋金，故稱金陵。

◉ 秣陵出處

秦始皇出巡金陵，陪同的方士不語，始皇問：金陵形勝，氣象萬千，兩位何故默然？答此地氣勢磅礡，乃龍脈地勢，方山地處金陵東南，山頂平坦如官印，人稱天印山，乃天賞賜的官印，五百年後會出天子，要斷方山龍脈，再引淮水貫穿金陵，通至長江，才可泄盡王氣。始皇於是下令鑿斷方山山脈，又建河通長江，即為秦淮河，甚至將金陵污名化，改名為秣陵，意思是飼馬的草料場。

孫吳建康城

南京常被稱為龍蟠虎踞之地，語出諸葛亮：「鍾山龍蟠，石頭虎踞，此乃帝王之宅也。」

孫吳相中南京，在於它是一個山陵環抱的盆地，寧鎮山脈主峰鍾山海拔高 448 米，延綿連串，西北方有長江天塹，加上玄武湖、秦淮河，形成山環水抱的格局，有利固守。龍蟠虎踞的說法脫胎自堪輿，龍虎是指天上四象之二的青龍和白虎，自漢代以來，慣常以四象圍攏之處來定宮殿立極的理想方位，象徵天地溝通。

孫權改秣陵為建業，在秦淮河下游置都，新城選址在鍾山和石頭山之間。圖中可見，吳都的中軸線並非傳統正南北向，而是偏東 15 度，目的就是為了取四神全之局，新都背靠玄武湖為玄武，鍾山在左為青龍，石頭山在右為白虎，秦淮河在南為朱雀，在建業城南五里蜿蜒流過，呈環抱水的形狀，產生壅聚效果，南岸一帶的小山崗（聚寶石等）為朝山，多方拼湊成四神全之局。

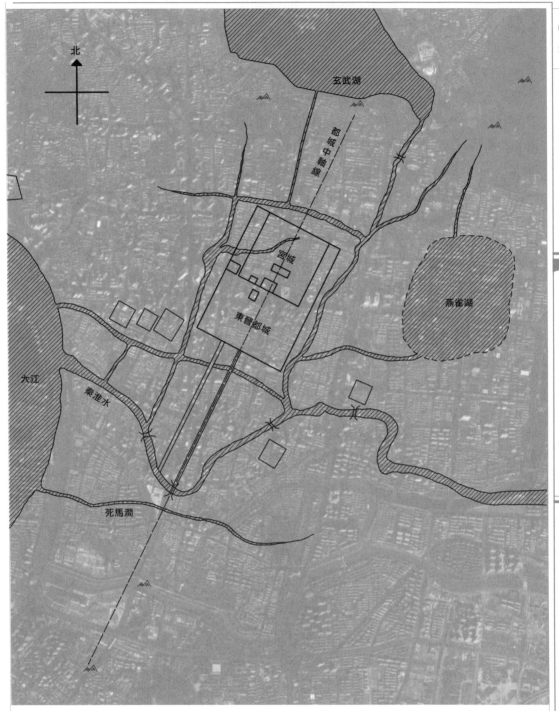

北

玄武湖

都城中軸線

宮城

東晉都城

燕雀湖

大江

秦淮水

死馬澗

◉ 東晉建康城示意圖

「築城以衛君」

孫吳所處的魏晉南北朝，堪稱中國最混亂的時代，魏晉二朝國
祚短促，南北朝不足 200 年間，共更換了九個朝代，多達 50
多個皇帝，時常見兵臨城下，皇位朝不保夕。宮城負起守衛之
責，佈置和設計上亦要作出針對性部署，實行穩守為先，傅熹年
說：「出於防衛要求，（魏晉）建重城之風大盛。」[01] 建康城城
周 20 公里，南北長，東西短，主要分開外城與宮城，外城住著
居民，先作第一重防衛；宮城南面開五門，門前道路兩側佈置官
署，其他三面各開一門，直接以四神命名，分別稱蒼龍門、白虎
門和玄武門。宮殿集中於城北，主殿稱神龍殿，宮牆厚達三重，
企圖把皇宮層層覆蓋，確乎《吳越春秋》所言：「築城以衛君」。

儘管孫吳難逃在南京建都的詛咒，被西晉所滅，國祚短促，建
康城卻得以一直保存，由孫吳至東晉，五代十國以迄明，彷彿
得四靈保佑，國都身份始終不墮，在中國都城建設史上佔一席
位，只是難得長久。它延續西漢時候虛軸的佈局，中軸對稱，主
要建築左右分明，前殿亦受漢代東西廂建築的影響，以主殿為
大朝會之用，兩側建東西堂，處理日常政務。

01　傅熹年：《中國古代建築史》第二卷，中國建築工業出版社，2001 年，第 42 頁。

國家不幸術數幸

魏晉時期，政權交替頻繁，建制破局，人心思變，社會思想反而趨於活躍，催化了多元發展，連帶一直潛伏在主流之外的玄學術數也一時大盛。魏晉南北朝是風水理論迅速發展和傳播的時期，自周至漢，風水界尚欠領軍人物出現；魏晉之際，情況有所改變，管輅、郭璞等業界祖師爺級的人物相繼登場，各領風騷。管輅是三國平原人，現《管氏地理指蒙》就是託名於管輅之作，山脈九種形態的說法源出於此，自此九龍之名才不脛而走。晉代郭璞所著的《葬經》（疑又是偽託）一書，更被普遍視為風水文化的鼻祖，其中「氣乘風則散，界水則止」，即風水二字的出處。北魏酈道元的《水經注》記錄了全國水系資料，內裡談及水法和地理的關係。這些典籍確立了風水理論的框架，給予後人詮釋和深化的空間，令風水演化成一套較為完整的論述，輾轉傳承至今。魏晉是中國歷史上的亂世，卻是堪輿學上的盛世。

明代南京城

南京城的建成，肯定跟風水術數有關。官修的《大明一統志》稱：「古金陵之地，自周末時已有王氣，秦始皇謂東南有天子氣，諸葛亮謂龍蟠虎踞」；卷六《南京應天府》又稱：「以乘王氣，殿宇宮闕規模宏壯，象法天地，經緯陰陽」；甚至有稱曾徵召研習風水地理者入京，集思廣益，共計籌劃新都。後來，朱元璋指定南京宮城的堪輿選址由劉基負責，劉基相傳就是預言書《燒餅歌》的作者，據《明史．太祖本紀》，劉基「博通經史，於書無不窺，尤精象緯之學」。結果是，劉基放棄了南唐、宋、元以來在城市中心建都的傳統，決定選擇偏於一隅，填塞南京城東邊的燕雀湖新建宮殿。這樣出格的安排，背後自然大有玄機。

南京「大局已定」,四靈就位,玄武湖在北為玄武,鍾山在東為青龍,秦淮河在南為朱雀,石頭山在西為白虎,基於龍穴必由四靈拱衛的原則,大內的選址不離這四靈之內。孫吳建康城以來的六朝舊址,飽經戰亂,城垣殘破,而且畢竟都以亡國告終,對新建王朝而言始終帶點忌諱;至於石頭城一帶是侷促的山城形勢,無法開展新都應有的恢宏氣派;而若建在秦淮河以南,則變成朱雀在北,南北對調,南宋主次易位的殷鑑未遠,更加不可取。多方衡量下,改而選址在四靈內東側,以鍾山(即今紫金山、中山陵所在)為鎮山,京城中軸線對準鍾山山峰,藉以採納龍脈之氣。

宮城選址的奧秘

大略位置確定了,具體在何處興建都城?那要先從南京外城說起。

外城城牆打破過去的方正格局,呈不規則形狀,東西南北周長 96 里,牆基寬 14 米,高 14 至 21 米,有垛口 13,616 個,城門 13 座,而非皇城專用的九數。表面參差無定則,實質以天上北斗七星和南斗六星之數結合而成,宛如漢朝長安斗城的隔代延續,維持法天象地的宮城建設原則。而在北斗和南斗之間,藏著一個重大隱秘。明代首部官修南京方誌《洪武京城圖志》稱:「榮光佳氣,與斗牛星紀並麗乎太微帝車之間,何其偉耶?」

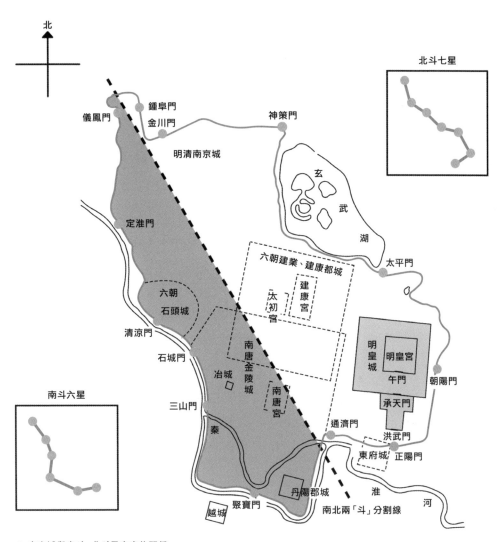

北

北斗七星

儀鳳門
鍾阜門
金川門
神策門

明清南京城

玄

武

湖

太平門

定淮門

六朝建業、建康都城

六朝
石頭城

太初宮

建康宮

清涼門

南唐金陵城

明皇城

明皇宮

午門

朝陽門

石城門

冶城

南唐宮

南斗六星

三山門

秦

通濟門

承天門

洪武門

東府城

正陽門

丹陽郡城

淮

越城

聚寶門

南北兩「斗」分割線

河

◉ 南京城與南斗、北斗及帝車的關係

所謂「帝車」，亦稱「御輦」，據《史記·天官書》，北斗七星是天帝坐著的馬車，天帝居於中央，坐馬車巡查四方，定四時，分寒暑。朱元璋身為天子，帝車自然是他的專屬坐駕，北斗中最重要的斗杓位置，處於南京城牆通濟門和太平門之間，而這裡正好是燕雀湖所在。關於這一點，史書有明確記載，「上命劉基等卜地，定新宮於鍾山之陽，在舊城東白下門外二里許」（《大明太祖高皇帝實錄·卷二十一》），亦即燕雀湖上，「故築新城五十餘里」。

劉基花了整整一年時間，為南京城作出了整體規劃，其中最核心的宮城和皇城部分，必須置於帝車之上，藉此呼應天象，彰顯朱元璋天子的身份；亦有評論指新都城在長江以南，屬陰，又在鍾山之南，屬陽，為之陰中之陽，實屬大吉云云。然而，若把定都燕雀湖證諸歷史，竟不啻是一大敗筆。

如此固好　但後世不免遷都耳

關於選址在燕雀湖，有一則君臣暗中角力的故事。明朝張瀚《松窗夢語》卷五記載：「太祖高皇帝定鼎金陵，將築宮室於鍾山之陽（即燕雀湖），召劉誠意（即劉基）定址。誠意度地置鵠，太祖歸語太后。太后曰：『天下由汝自定，營建殿廷何取決於劉也！』乃夜往置椿所，皆更置之。明旦復召劉觀，劉知已非故處，乃云：『如此固好，但後世不免遷都耳。』」

生性儉樸的朱元璋，為在湖上建都，不惜耗費大量人力物力，先徵調了 20 萬名軍民工匠，用了四年時間夷平南京城西三座山，以填滿燕雀湖，再在地基上打下密密麻麻的木樁，又用大石重重壓下，希望做到地基穩固，然而似乎都是徒勞無功。定都 30 年後，便發生了「靖難之變」，建文帝下落不明，其叔朱棣稱帝，遷都北京，國運毫不穩固，而聲稱陰陽互濟的南京，再次難逃歷史轉折的命運。

明代一樁風水懸案

令人疑惑的是，劉基的預言似乎神之又神，無寶不落，但是身為「尤精象緯之學」的國師，竟然決定填湖建城，犯了在濕淫之地築樓的大忌——地基下沉，導致國運不穩，易主遷都。祖上智慧，明代以前的王朝宮城，悉數在原土地上興建，取其根基穩固，才能期以千秋萬代，湖沼屬陰物，不利陽生，填之建市建縣也絕無僅有，遑論一國之都，更莫議宮城偏於城東一隅，打破北宋以來慣用的宮城居中、三套方城的傳統形制，失卻了「王者擇天下之中而立國」的意義。究竟劉基是被神化了的術師，還是始終難敵長官意志，只好屈從？

紫禁城原型

朱元璋一意建立新宮城，彰顯新王朝的天威。在南京城東建造皇宮，遵循傳統禮制，設有內外兩重城牆，外城稱皇城，東西寬2公里，南北長2.5公里，面積6.53平方公里；宮城面積更廣達1.16平方公里，規模之大，雄視當時世界宮殿建築群。整個南京宮殿的佈置和建設，大致可分為三個階段：

一 由元順帝至正二十六年（1366年）至明太祖吳元年（1367年），劃定宮殿的基本佈局，一改孫吳建康城以來坐東北向西南的故制，確立坐北向南的佈局及中軸線，並上溯至《周禮》，中軸上建有「三朝二宮」（三朝是治朝、外朝和燕朝，二宮是乾清宮和坤寧宮）和「前朝後寢」；內城稱宮城，俗稱紫禁城，又稱大內，平面呈正方形，並在中軸線兩旁修築太廟和社稷壇，代表左祖右社，敬天法祖；

二 洪武八年（1375年）至洪武十年（1377年），完成修繕京城內諸殿，另在奉天門兩側加建文華殿和武英殿，在午門旁構築門闕，呈凹字形，增加宮城的隱密和威儀；

三 洪武二十五年（1392年），擴建宮前建築物，包括新增金水橋、端門和承天門等，符合《周禮》中「三朝五門」的要求。洪武門至承天門兩側為中央官署，即行政中心所在。

至此，前後興建了26年，宮城才基本完成。正門為午門，前朝以奉天殿、華蓋殿、謹身殿為核心，東有文華殿，西有武英殿；後以乾清宮和坤寧宮為主體，坤寧宮左右有東西六宮。

西華門 ——

社稷壇

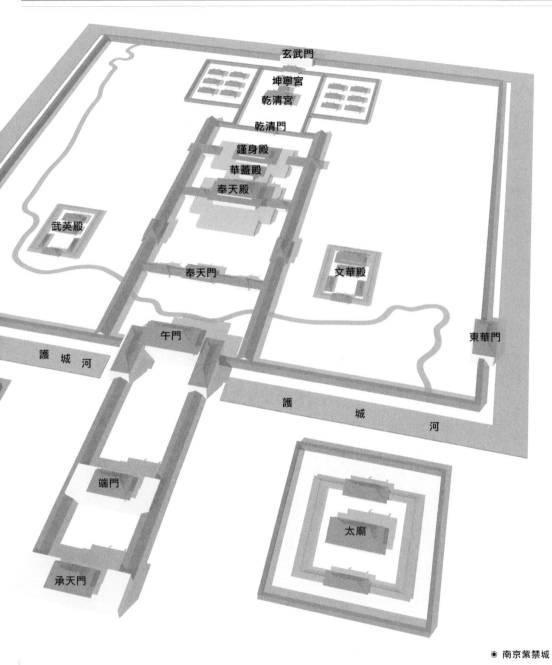

玄武門

坤寧宮

乾清宮

乾清門

謹身殿

華蓋殿

奉天殿

武英殿

文華殿

奉天門

午門

東華門

護 城 河

護　　城　　河

端門

太廟

承天門

● 南京紫禁城

雙城記

「後世不免遷都」一語成讖，明成祖朱棣念念不忘自己的「龍興之地」，經過16 年營建，在 1421 年正月遷都北京，將南京紫禁城的佈局藍圖也一併帶走，新紫禁城的建築形制和宮殿佈局一一繼承故都，宛如摹本，不妨互相比勘，這裡只列舉部分大項。

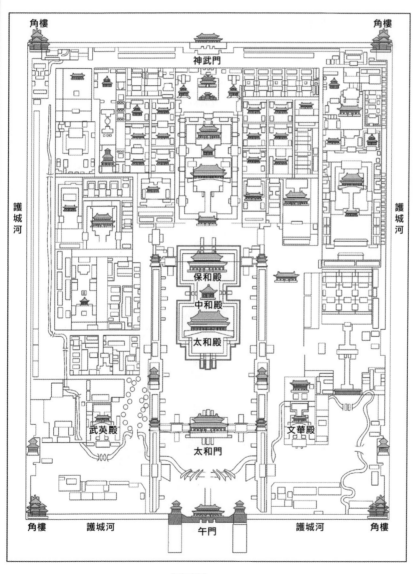

角樓　　　　　　　　　　神武門　　　　　　　　　角樓

護城河　　　　　　　　　　　　　　　　　　　　護城河

保和殿

中和殿

太和殿

武英殿　　　　　　　　　　　　　　　　文華殿

太和門

角樓　　護城河　　　　　　　　護城河　　角樓

午門

北京宮城

	南京紫禁城	北京紫禁城
佈局	前朝後寢（三殿二宮）、左祖右社	前朝後寢（三殿二宮）、左祖右社
坐向	坐北向南	坐北向南
面積	南北長 750 米， 東西長 790 米	南北長 961 米， 東西長 753 米
內城河	西北來水、東南去水	西北來水、東南去水

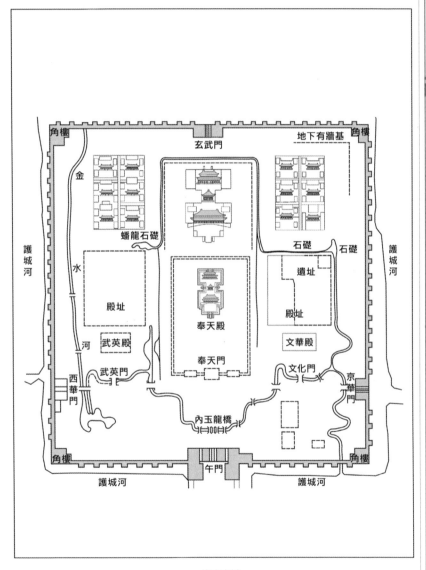

南京宮城

皇城的消亡

只是我們不禁要問，南京和北京紫禁城的都城佈局一致，都是坐北向南，何以命運判若雲泥？南京作為明朝國都僅數十年光景，遷都後成為留都宮殿，派遣幾個太監看守，期間遭遇多次火災水險，明室不再斥資修飾，任其荒廢，俟至宮門坍塌毀損，到南明才稍作修葺；清初之際，這座明故宮諷刺地讓清軍隊安營紮寨，隨意拆建，到康熙時候，甚至將故宮內的琉璃瓦拆除，作興建浙江法雨禪寺之用；清末民初國勢動盪，明故宮更不能倖免，飽經戰火蹂躪，又復遭廢置，現在僅餘數處遺址，石柱礎到處散落，曾經雕梁畫棟、煊赫一時的大明皇宮，落得一地狼藉，令人歎息。反觀北京紫禁城，即使經歷數番改朝換代，歷時六百年仍屹立不倒，民國時代曾經頹敗，旋又重拾華彩，雄偉如舊，不僅是中國，也是目前世界上保存最完整、規模最大的帝皇宮殿建築群，榮登世界文化遺產，具有突出的普世價值，在可見將來，只會更惹萬目灼灼，地位與日俱增。

筆者以為，關鍵在於大局兩字。

儘管南京四神俱全，引來不同朝代的皇帝青睞，紛紛定都於此，然而大局形勢，非人力所能勉為，一些缺失不能彌補。如前所述，南京位於長江大轉彎的頂端，風高浪急，兆象不平和，推演於國運，亦一般多蹇。明初的國都選址更犯了風水大忌，興建於濕淫之地，雪上加霜，僅歷二帝，便把國都地位拱手相讓；相反，北京的大局非南京可媲美，既無大轉彎的湍流，亦建於原土地上，最重要是具有國都必須的鉅勢強形，山環水抱，詳情請參見北京一章。

朱氏家譜與五行

朱元璋雖是貧農家庭出身，幼時失學，算不上讀書人，然而一旦為皇，大內無小事，為孩子改名更視為影響國運的大事，跟建宮殿一般重視。我們先看看明初至明中葉皇帝們的名字：

明太祖朱元璋
明惠帝朱允炆
明成祖朱棣
明仁宗朱高熾
明宣宗朱瞻基
明英宗朱祁鎮
明景帝朱祁鈺
明憲宗朱見深
明孝宗朱佑樘

朱元璋是開國之君，大概以為天下都由朕創造，身兼五行所有，毋須偏祐某一屬性，到第二代才是五行相生之始。他的兒子朱標和朱棣等，屬木；第三代允炆，屬火；第四代瞻基，屬土；第四代祁鎮和祁鈺，屬金；第五代見深，屬水；第六代佑樘，又屬木，餘不一一，如是者五行生生不息，循環起復，寄託明室王朝一直繁衍的美好祝願。可惜的是有明一朝，叔侄爭位、兄弟鬩牆的事故不斷上演，部分更無子嗣，安一個名字改變不了大局。

奉天承運皇帝　詔曰

這琅琅上口的八個字，也是始於朱元璋，刻意把自己與天綑綁，裝飾名位。朱元璋統一天下後，定都南京，改名為應天府，紫禁城內舉行重大朝會的大殿也命名為奉天殿，甚至下達詔令，開首例必自稱奉天承運。平常讀法一般是「奉天承運，皇帝詔曰」，實則應是「奉天承運皇帝　詔曰」，或不斷句，八字一口氣讀畢。細看過去在皇帝龐大身影下的宮殿之學，「奉天承運」已是慣技，只是從未宣之於口，唯有朱元璋不客氣，道道聖旨挾天為詔。

至於「承運」二字亦有來頭，說的是五德終始說中，每德轉移之運，最早的文字記載見於《呂氏春秋·應同》篇，提及朝代的更替與五行次序一致。朱元璋自承為火德，故建國號明，明為火，尚紅色，五行中火尅金，乃滅屬金之元，所以紫禁城中的門磚亦飾以紅色。

北京

Chapter 8
Beijing

★ 北京位於廣闊的華北大平原北端，面積廣達一萬六千多平方公里，北面是燕山山脈，西靠巍峨太行山，東面是東海，地理上與山西高原、蒙古高原和東北地區鄰近，為蒙古高原東部和東北部遊牧狩獵民族南下華北平原的必經之地；反之，從河北前往蒙古高原和東北地區，也先匯聚北京一帶，促使北京成為河北平原北部的政治中心、交通樞紐和軍事要地。

壓卷之作

如果歷來宮殿之學是一闋悠長樂章，那麼鄭州和安陽是序曲，長安洛陽是主調，開封南京臨安變了奏，北京紫禁城進入了尾聲，然而也是鋪排已久的高潮。

宮殿之學代代傳承，儼然已經成為歷朝皇帝的集體潛意識，而且不分種族，入主中原的人一概如是。北京紫禁城原是明成祖根據南京紫禁城藍圖籌建，到清兵入關，紫禁城非但未因是前朝遺物而遭焚毀拆卸，更成為清朝皇帝的龍御之所。眾所周知，清朝統治者是崛起於白山黑水之間的滿洲人，對傳統漢人文化幾無絲毫關連，為什麼以勝利者姿態進入中國的清朝皇帝，連漢人的頭髮也不准留，卻留存著這套中國由來已久的宮殿之學，而且執信的程度更甚於漢人？

因為明朝皇帝留下的這座紫禁城，將整個傳統文化思想納入龐大空間之中，把帝王才堪擔當的家天下意識表露無遺，天下我有，大至選址佈局，小至一樑一柱，無不充分彰顯統治者至高無上的話語權，同時又可應付現實生活需要。經歷了近三千年輾轉演化的宮殿之學，造就紫禁城臻於化境，擦亮了眼睛的滿洲皇帝，豈會錯過這份壓卷之作。紫禁城儼然一本集風水大成的無字地書，只要我們細加檢視，許多以為神秘莫測的堪輿理論原來已經具象地矗立眼前，歷經改朝換代仍屹立不倒。

西華門

武英殿

護

城

河

午門

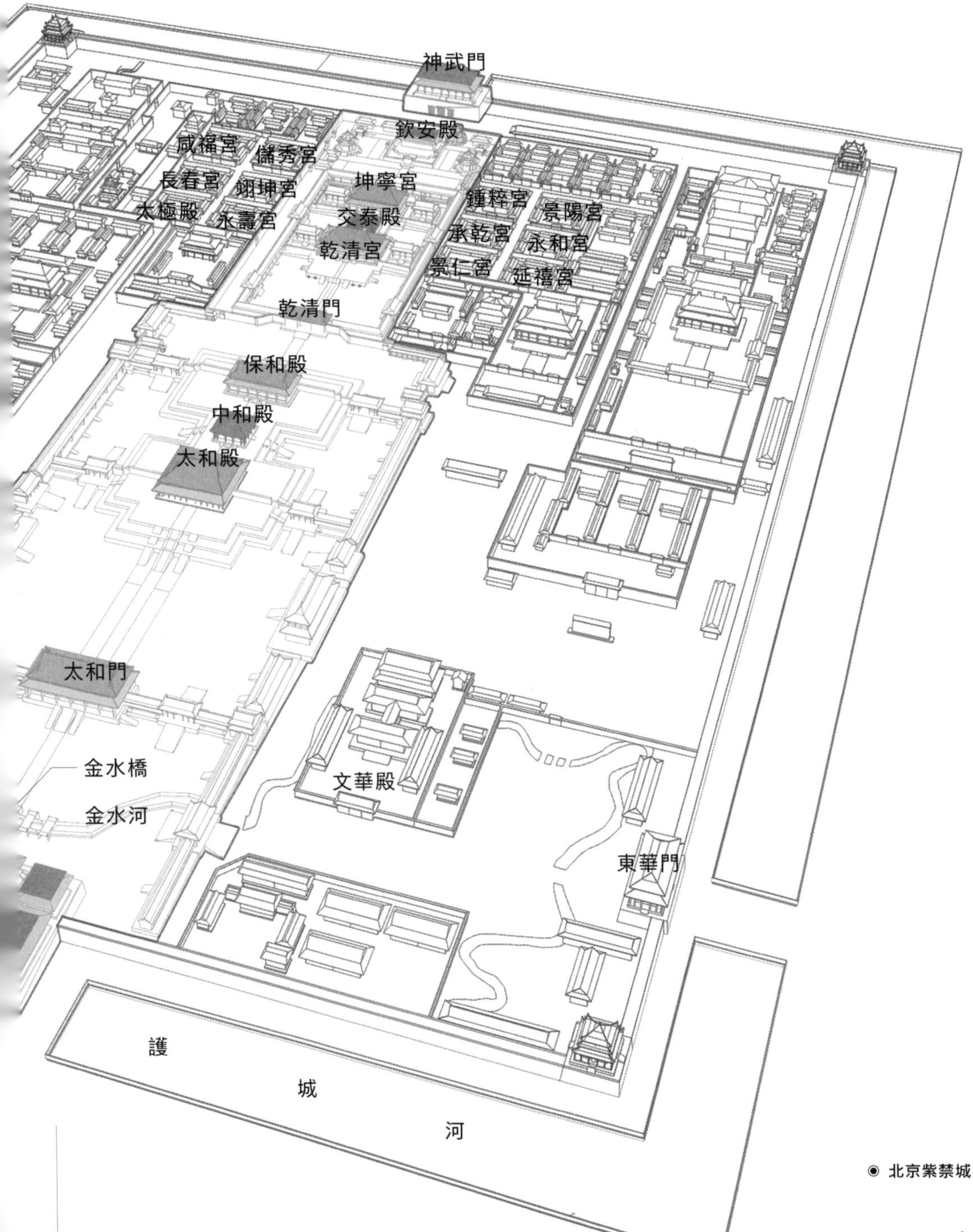

神武門

欽安殿

咸福宮　儲秀宮

長春宮　翊坤宮　　坤寧宮

太極殿　永壽宮　　交泰殿　　鍾粹宮　景陽宮

　　　　　　　　乾清宮　　承乾宮　永和宮

　　　　　　　　　　　景仁宮　延禧宮

　　　　　乾清門

保和殿

中和殿

太和殿

太和門

金水橋

金水河

文華殿

東華門

護

城

河

◉ 北京紫禁城圖

北京之「北」原不符合定都條件

若然要比較中國八大古都的選址，北京並不具備所有建都條
件，因此明代以前，大統一皇朝未有定都於此，原因包括：

（一）自夏朝開始，建都需在天下之中，彰顯核心地位，也確保
政令能遍及四方，然而北京處於偏離內地農耕社會的邊
沿地，與中原地區相距甚遠，不利控制全國；

（二）國都有大量人民居住和軍隊駐守，可是北京的農業生產
能力不及黃河及長江流域等地區，無法獨力解決龐大的
糧食供給問題，必須依賴運河運來物資，一旦戰爭爆發，漕運
受阻，京師必發生糧荒，動搖軍心；

（三）北京與強悍外族為鄰，實則處於其包圍之下，擇北京為
都，等於天子戍守邊疆，首都作要塞，雖有不少要口險塞
可守，但千里關塞，防不勝防。

所以北京一帶也只做過燕國的都城，燕只是西周一個諸侯，而
自戰國以後，長期以來還只是一個州郡級的首府而已。

時日推演　地運轉移

北京作為中原王朝的陪都以至首都，是邊疆少數民族入主中原後才逐漸形成。學者周振鶴指出，由於邊疆民族入主中原，「帶來了東北與北方的遼闊版圖，使得原來天下之中的位置有了新解釋」[01]，可見建都在天下之中的概念沒變，而是

歷史變局下導致地運轉移，包括隋唐和元朝大運河貫穿南北，令原本狹處一隅的北京一躍而成全國首都。契丹改國號為遼，在幽州（即今北京）建立政治中心，成為陪都，北京作為有影響力的都城可以從這一年算起；蒙元時，人們視燕京為中心；至於明太祖朱棣建都北京，則是出於一場歷史變局；清的龍興之地在東北，在建立了全國性的一統王朝之後，經過多次東征西討，擴闊了版圖，令北京之「北」名不副實，反貼近天下之中，隨著時日推移，歷朝國都飽經滄桑，各有缺失，只有北京才堪當重任。這時的北京從遼代以來，已經有了近七百年的陪都與首都地位。

01　周振鶴：《中國歷史政治地理十六講》，中華書局，2013 年 12 月北京第 1 版，第 256 頁。

既稱北京紫禁城是宮殿之學的終章，宮殿之學又融匯了許多堪輿要領，談北京，不如就從堪輿的視點出發，如何一直發展演化，最後千里來龍，到頭結穴於紫禁城。關於此城的風水涉獵太廣，專著也汗牛充棟，這裡只能扼要說明。

大局觀

◉ 龍脈

古都選址都講究龍脈，崑崙山自古以來被公認為祖山，發端出五支山脈，其中三支流入中國，分為北中南三條幹龍，明代的徐善述指八大古都認脈歸宗，都在三大幹龍之列，夏商時期的鄭州安陽、漢唐長安洛陽、北宋開封屬中脈結穴之地；南宋的臨安和明初的南京屬南脈；北京屬北脈。

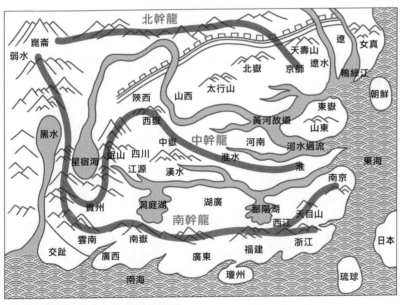

◉ 截自明徐善繼、徐善述：《地理人子須知》。

三脈中北脈最長，從崑崙山起，經太行山從西南走向東北，到達燕山山脈，以天壽山作為北幹龍的正結，即北京城的鎮山所在，左據東海，右擁太行，北倚居庸，南面河川。元朝率先在大一統時代於北京建都，熊夢祥《析津志輯佚‧卷一‧第一百八十五條》稱：「自古建邦立國，先取地理之形勢，生王脈絡，以成大業」。到明朝，徐善述還十分政治正確地指出，北脈以外，中脈為明太祖朱元璋祖父熙祖、父親仁祖二陵盤踞，南脈為朱元璋在南京鍾山的孝陵佔有。三脈盡攬，天下江山自然非朱姓莫屬。

北京三面環山，太行山及燕山山脈構成層巒疊嶂，連綿環繞北京城，只開通往天津一途，配合風水設險以守其固的要求；而地勢呈西北高東南低，則與中國宏觀地理格局呼應，當國家以國都為象徵，北京憑此大局，無疑勝任這份重託。

◉ 乾山乾水

國都逐水而建已是定例，然而如何擇取流向卻大有學問。崑崙山雄峙於中國西北，山勢高若登天，中國人歷來尊天，進而對西北方位也特殊看待。天上帝居所在的紫微垣，也在西北亥方，若京師龍脈發自西北，代表授權來自於天，也與中國的自然大局呼應。風水經典《天玉經‧內傳下》說：「乾山乾向水流乾」，這種選擇早在國家觀念初肇的夏商時代已有先例，即鄭州安陽；北宋踵繼而來，汴京宮殿佈局定位於廣濟河、金水河和汴河匯合一段，三河均從西北流向東南，貫穿天門和地戶，達致天地通氣。北京西北是山地，東南是平原，地理形勢西北高，東南低，西北方的玉泉山，因山上有玉泉而得名，海拔約高一百米，自明代建都北京後，玉泉山泉水屬御用水源，供皇室及皇城專享。

玉泉山原無地表之水，元朝時經人工開鑿，把泉水引入元大都，
明清沿用，顯然水從西北來已經成為一種共識，符合《天玉經》
所言的尊天格局。引入後流經城內的方位導向亦經精心剪裁，泉
水從紫禁城的西北方流入，從西面筆直南下，藉此消弭金（五行
金生水，西面屬金）的肅殺之氣，至武英殿前卻一改形態，蜿蜒
流動，並在殿前突起，呈玉帶環腰之狀，然後自西向東朝繞，到
奉天門前再呈抱勢，再輾轉曲折到文華殿，最後在紫禁城的東南
方位流出，令人感覺像從遠處拖沓而來，又好像幾番迂迴，不忍
離去，呈現出一種來水有情，去水有意的吉兆，河水形態佈局曲
折之處，可上溯至安陽和開封。

◉ 北京城水流圖

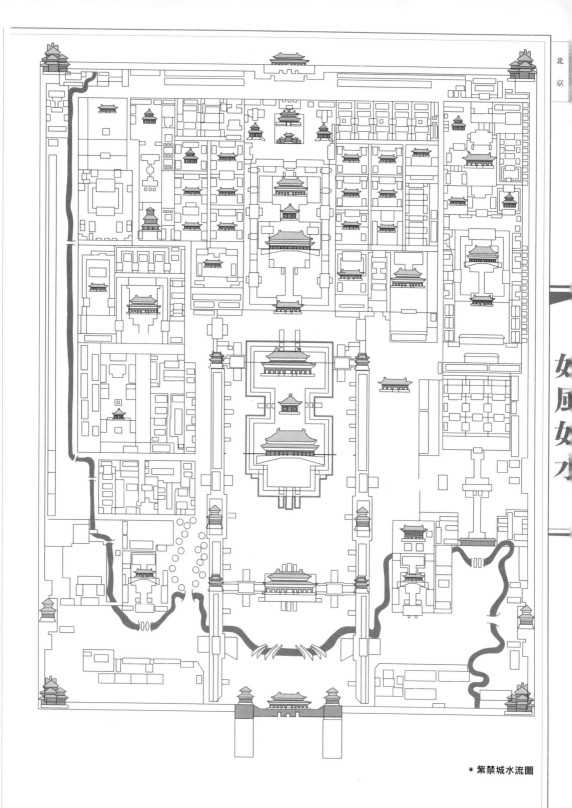

◉ 紫禁城水流圖

中軸線

自西漢開始，中軸線的雛形先以虛軸的形式出現，未央宮中軸線向北延伸，與秦咸陽宮中心銜接，寓意權力交替。到魏晉之際，曹氏主政的鄴城明確以一條中軸線劃分東西，佈局對稱分明，同時遠在南京的建康城亦以同一概念佈城，正式奠定了中軸線為中國宮殿建築形制的簽名式。隋唐的長安城、兩宋的開封臨安和元大都一以貫之，最後由明清紫禁城集大成。

中軸線受到空前重視，在於它彰顯自漢以來天人合一的概念，以地下的中軸象徵穹蒼上的天軸，諸星以天軸為核心分佈盤躊，突出中央的尊崇地位。都城的中軸線將空間和權力結合，引領天威，統萬邦撫四夷；中軸線也恰可作為儒家中庸之道的載體，代表不偏不倚，中正公允，有利營造統治者的形象；而且中軸線亦令宮殿佈局方正，具有一種堂皇的威儀，正是統治者渴望擁有的氣度。到明清之際，中軸線的學問歷經演化積澱，在都城上的運用更為巧妙。

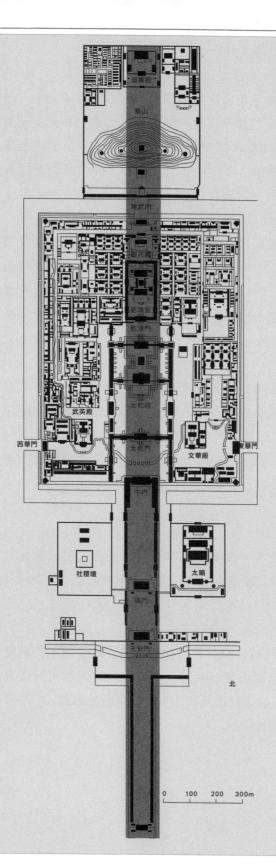

景陽殿

景山

神武門

御花園

乾清宮

乾清門

西華門　武英殿

太和殿

太和門　文華殿　東華門

午門

社稷壇

太廟

端門

天安門

北

0　　100　　200　　300m

● 北京城圖

◉ 中央脊椎　主次分明

北京城有一條全長約 7.5 公里完全直觀的中軸線貫穿南北，軸線以外城的南端永定門作為起點，經過內城的南門正陽門，皇城的天安門、端門以及紫禁城的午門，然後穿過三座門七座殿，出神武門越過景山中峰和地安門，止於北端授時報時的鼓樓和鐘樓。

紫禁城的外朝，在東西兩側同時又各有一組宮殿，東面是文華殿，西面是武英殿，各自形成一條較短的軸線，作為主軸的左右陪襯，同時又和太和殿形成一個等腰三角形，佈置上有著國家穩定的象徵，也顯示出外朝寬大開揚的氣魄。另外按照青龍蜿蜒、白虎垂首的原則，文華殿比武英殿稍高，規模亦稍大。

現代建築學者將中軸線上一座座不同高度的宮殿，視為古北京城的中央脊椎，跟唐長安城一樣，只有最重要的建築物才能建於中軸線上，包括紫禁城的大門午門；外朝的太和門、太和殿、中和殿、保和殿；後宮的乾清門、乾清宮、坤寧宮；欽安殿及神武門。而在中軸線兩旁，則佈置了天壇、先農壇、太廟和社稷壇等建築。

相較於前三殿和後二宮，文華、武英二殿和東西六宮明顯較為低小，讓中軸線上的宮殿更形高大，用建築形制說話，主次一目了然。

中軸線的概念甚至超越肉眼可見的範圍，貫穿皇帝治下的萬里河山，以前面的泰山和遠至江南諸山為朝山，黃河淮河長江為朝水，北面景山後面的天壽山為靠山，像中字前後串連，把中國的意義形象化地表現出來。

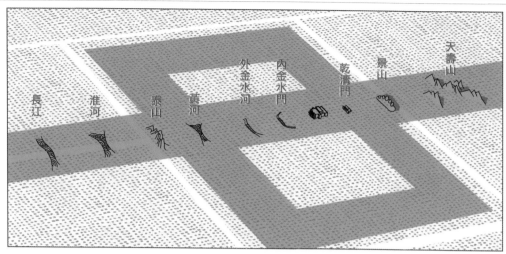

● 連成中軸線的
北京一帶山河

天壽山　一景山　乾清門　內金水門　外金水河　黃河　泰山　淮河　長江

梁思成說：「從南到北，貫穿著一條長約兩英里（三公里左右）的中軸線，兩邊對稱地分佈著綿延不盡的大道……在這種情況下，由於嚴格的規則而產生的統一性成了一種長處而非短處。如果沒有這些刻板的限制，皇宮如此莊嚴宏偉之象也就無從表現了。」[02]

甚至脫離了帝制時代，久經建立的中軸線地位也未曾動搖。1949 年開國大典，掛上國旗的旗杆正正位於中軸線上；2008年北京奧運，兩個主場館「鳥巢」和「水立坊」分別建於北四環的中軸線兩旁，從選址中已反映了中國對奧運的重視程度。

02 梁思成：《圖像中國建築史》（*Chinese Architecture, A Pictorial History*），費慰梅編，梁從誠譯，天津百花文藝出版社，2002 年，第 305 頁。

空間語言

自漢武帝把儒學定於一尊後,每個統一王朝都喜歡高舉儒家經
典治國,強調尊卑和秩序,皇城的規劃更是重點所在,只是礙
於外在條件限制,歷朝都未能完全照搬《周禮》一套作皇城藍
圖,及至宮殿最終一章始告實現。《周禮》主張三朝五門,其中
五門是天子尊享之禮,包括:

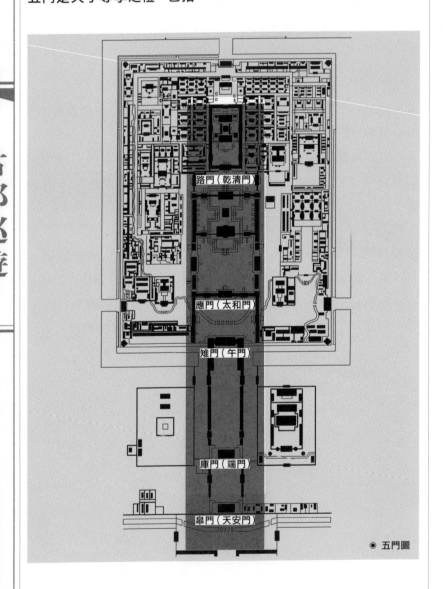

路門(乾清門)

應門(太和門)

雉門(午門)

庫門(端門)

皋門(天安門)

◉ 五門圖

皋門（天安門）—— 皋通「高」。高高在上，頒發御旨，廣告萬民之門；

庫門（端門）—— 儲備宮廷兵器、武備及儀仗器械的倉庫般械之門；

雉門（午門）—— 帝王宮闕之門。雉門兩觀，皆天子之制，徵殿既「觀」百姓，兩座翅樓前伸，朝天而開；

應門（太和門）—— 應，當也。當朝正門，四海既應。為統治、行政而設的朝綱之門；

路門（乾清門）—— 人君所居曰路，皇帝個人生活空間之門，最為私密，所謂大內便是這道門之後的空間。

五門皆建在紫禁城內外的中軸線上，屬天子之門，不僅按《周禮》而設，空間距離的鋪排更極具心思。據北京大學唐曉峰教授指出：天安門至端門，距離短，說明前面的東西並不了不起；端門至午門，距離遠，因背後便是皇帝居住和管治天下的地方，利用距離起襯托作用；午門至太和門，距離短，太和門很小，反襯一個至高者的出現；進入太和門，是紫禁城中最大的空間，遠方有一座高大宏偉的宮殿，至高者就在其中。「空間大小伸縮變化，一收一放，是一種空間節奏，一節節將眼前事物推上巔峰，具有很強的皇權文化表現性。」[03]

簡單如一條直線，經過巧妙的空間剪裁，成功操控想像，是中國宮殿之學的特色。

03　唐曉峰：《給孩子的歷史地理 2》，香港中文大學出版社，2018 年初版，第 259 頁。

陰陽／四象／五行／八卦

◉ 陰陽

古人愛仰望天象，繼而衍生出陰陽的概念，最初以見日為陽，反之為陰；晝為陽，夜為陰；雲開見日為陽，雲蔽擋日為陰；向日為陽，背日為陰。後來從觀察逐漸育成智慧，天地和人間都有相反相成，既對立又統一的兩面，理想的都城選址，要求有山環水抱的大格局，箇中一實一虛，正是陰陽概念合一的體現。宮城佈局的具體例子，最早可追溯至商朝國都安陽，位於洹河兩旁，將居所與墓葬區分；到東漢雒陽「九六城」的出現，天造地設；直至漢末三國之際，曹魏鄴城以中軸線劃分都城設置，對立分明，確立了建築形制上的陰陽基礎。

一條中軸線，把紫禁城分為左右前後，左為陰右為陽，前為陽後為陰。《周禮·考工記》規定了前朝後寢的宮殿佈局，紫禁城採用了軸線對稱的手法，前三殿與後三宮均坐落在全城的中軸線上，也是空和實、疏和密之間的二元對比。

前三殿在南為陽，後三宮在北為陰。外朝用於理政，不論在建築尺度、結構和裝飾上，等級都明顯高於以生活起居為主的內廷。外朝三大殿建築密度小，午門與奉天門（清稱太和門）之間，以及奉天門與奉天殿（清稱太和殿）之間，是兩個開闊的庭院，目的是襯托外朝三大殿的雄偉；外朝太和殿、中和殿、保和殿，依次坐落在八米多高的土字形台基之上，象徵「普天之下，莫非王土」，同時抬高台基上的木建築，免於水侵；太和殿為北京城中央，突出皇帝是萬民的核心。殿高三十五米，寓意天子廟堂之高貴。

三大殿起初稱為奉天殿、華蓋殿和謹身殿，至清朝將之易名為太和、中和和保和。《周易·乾象》：「保和大和，乃貞利」，清朝的殿名更能緊扣《易經》涵意，悉稱為「和」，正正取陰陽和合、滋生萬物之意；太是比大更大的大，天地間最大的調和，和諧之地，就在此門之後。

後宮建築密集，通過重重殿宇，層層樓閣，營造出千門萬戶的氣勢。寢區宮以乾清宮、坤寧宮及交泰殿為主，「乾」、「坤」、「泰」均為《易經》六十四卦卦名，乾為陽，為天，為父；坤為地，為母，法天象地，陰陽和合，江山永固；泰為地天相交，代表萬物滋榮，子孫昌盛。

乾清宮和坤寧宮分別置有東西五所和東西六宮，前者合為天干之數，後者合為地支之數，互相對應，體現天地陰陽；東西六宮為皇帝一眾妻妾的居所，佈局構成坤為女的卦象，整體上呈六六大順，象徵「順天承乾之坤德」。

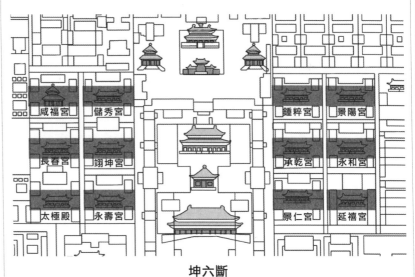

坤六斷

◉ 後宮建築佈局呈現坤卦

◉ 四神

宏觀上，歷朝擇地建都，都在四神全之地（開封除外）；微觀上，
宮城的佈局也會因應四神措置，起初形式較簡單，僅以命名呼
應。未央宮北闕取名玄武闕，東闕蒼龍闕，內有朱鳥堂、白虎
殿；南方朱雀，屬火、屬陽，所以曹魏鄴城南面三座城門，分別
名為中陽門、鳳陽門和廣陽門；到隋唐長安城，南面明德門直通
宮城的通衢大道稱為朱雀大街，北門稱為玄武門；到北京紫禁
城將四神升級，不限於建築物命名，更在建築形制和用色等方
面予以配合，如午門墩台上，正中蓋有一座門樓，兩翼另建雁翅
樓，又稱五鳳樓，各座以廊廡連接，形狀就如飛雁，與朱雀合；
北面神武門（避康熙玄燁諱），置景山作為鎮山；東面青龍，為
文，安置屬文的中央衙署，如禮部、戶部、吏部和文華殿等；西
面白虎，為武，安置屬武的中央衙署，如刑部、五軍都督府和武
英殿等（後在清初用作皇帝便殿）。

◉ 五行

環顧歷朝國都，五行元素雖未言明，但其實從未缺席，因為四
神本身便包含了五行在內，北方玄武屬水，南方朱雀屬火，東方
青龍屬木，西方白虎屬金，中央屬土，四神全亦即五行不缺，其
中東漢光武帝更不惜用鳥名取代河名，改洛陽為雒陽，目的只
為遷就屬火德的東漢免遭水所尅（元朝之元，索性取名自《易經》
「大哉乾元」之意）。北京紫禁城堪稱把五行概念執行得最徹底
的都城，大至宮城佈局，小至宮殿材質、數目、顏色，一一見縫
插針，算無遺策，略述如下：

❖　絕大部分宮殿及牆垣以紅、黃色為主，彼此相生。紅屬火，
主光大；黃屬土，代表中央。紅黃二色，象徵帝王之居至尊至
大，為天下中心；

❖　文淵閣，底層六間，樓上一大通間，取《河圖》「天一生水，地六成之」之意；另外用黑瓦，屬坎水，剋火，利藏書；

❖　皇子居住的擷芳殿，俗稱「南三所」，覆綠色琉璃瓦，從木從春，以示青少年逢勃向上；

❖　文華殿亦用綠瓦，後改為皇帝便殿，換成黃瓦，配合身份；

❖　玄武門（神武門）兩側房屋也採黑色琉璃瓦，以示水和冬的意境；

❖　午門居南端，改用主火的紅色色調；

❖　神安在坤寧宮後，神武門前，御花園的正中央有一座不起眼的宮殿——欽安殿，然而它位置既在中軸線上，地位自非泛泛，是紫禁城內唯一的神殿，供奉道教的北方神玄天帝，又名真武大帝。玄武是北方神靈，當年明成祖以「清君側」為號召發動政變，術士姚廣孝宣稱北方神武大帝顯靈，安撫民心，始能助明成祖入承正統。正因功勞這樣大，欽安殿才能盤踞中軸線之上。它的建築形制，亦按其北方定位而訂立。據《河圖》，北方是「天一生水，地六成之」，所以殿前院門稱為「天一」，在丹陛石亦罕有地雕上六條龍（而非九龍），原因無非呼應「地六成之」。

北方屬水，欽安殿是紫禁城內不折不扣的水神，說也奇怪，紫禁城在幾百年間，經歷了大大小小火災共四五十次，唯獨欽安殿每次都能倖免於難，難道真的是神武大帝的威力？

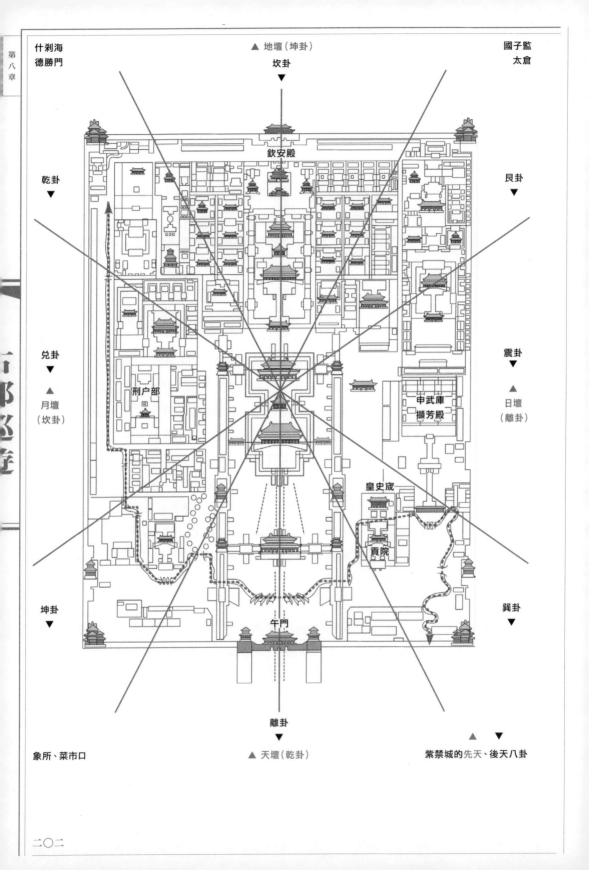

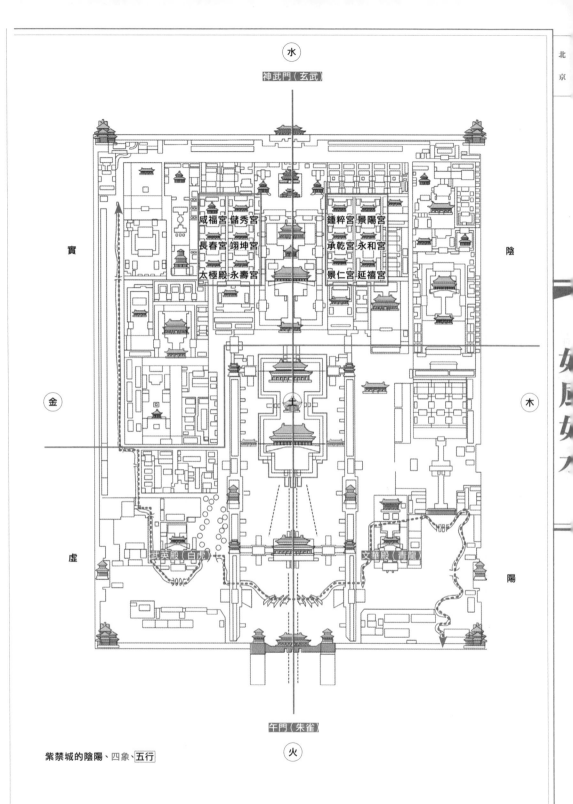

水

神武門（玄武）

咸福宮 儲秀宮 　 鍾粹宮 景陽宮
長春宮 翊坤宮 　 承乾宮 永和宮
太極殿 永壽宮 　 景仁宮 延禧宮

實

陰

金

木

土

虛

陽

武英殿（白虎）　　　文華殿（青龍）

午門（朱雀）

火

紫禁城的陰陽、四象、五行

◉ 先天八卦

古人認為，天地日月有一個本來方位，《易經・說卦》說：「天地定位，山澤通氣，雷風相薄，水火不相射。」紫禁城外，在正東南西北四方建天、地、日、月四壇。天壇在城南，外牆方正，壇呈圓形，代表天圓地方，其餘三壇都取方形。此外，正南亦設有天安門，正北設有地安門。

◉ 後天八卦

後天八卦根據先天八卦另行組合，先天為體，後天為用，代表根本和應用俱存，成全宇宙大氣，主要用於宅位和城門的佈局上，以卦德、卦象、卦物等呼應，簡單表列如下：

◉ 先天八卦圖

◉ 後天八卦圖

卦	方位	卦德／卦象／卦物／人倫	建築物
乾	西北	健／天／神佛／父	宣武門／什刹海
坤	西南	順／地／載物／母	象所／菜市口
巽	東南	入／風／文／長女	皇史宬／貢院
艮	東北	止／山／收藏／少男	太倉／國子監
震	東	動／風／軍事／長男	武庫／擷芳殿（太子居所）
坎	北	陷／水／凹處／中男	欽安殿
離	南	附／火／文明／中女	午門
兌	西	悅／澤／武／少女	三海／刑部

特殊數字：九和五

數字密碼最初見於《周禮·考工記·匠人建國篇》：「匠人營國，方九里，旁三門。國中九經九緯，經塗九軌。」而在《周易》中，一三五七九是奇數，也叫天數；二四六八是偶數，也叫地數；九最大，稱極陽數，象徵天。「聖人作九九之數，以合天道，而天下化之」，象徵天子必須合乎天道。至於五是陽數中的中間數，代表得中之位，配合王者居中的概念，自此九五就成為帝王的御用數字，也是最尊貴的空間秩序，禁絕其他人僭用，然而歷代王朝一直沒有下旨申明，直至明朝洪武三十五年（1402）才明文規定，九五為皇帝獨享。

紫禁城於外城共開七門，內城九門，象徵內主外從的禮制秩序。整體規劃根據前朝後寢的規則，前三殿和後三宮，既坐落在紫禁城的中心軸線，亦悉數建於工字形台基上，台的長寬比率都是九比五，藉以體現「九五之尊」的地位。

午門是紫禁城的南門，也是城內最大的門，高 37.95 米，門上建崇樓五座，正中的門樓開九間，呼應九五之數。

九和五在整座紫禁城中無處不在，如以面闊九間、進深五間作為最重要的宮殿格式。前朝的太和殿和後寢的乾清宮如是，甚至宮內的暖閣亦是九間。

建築常作九或九的倍數，相傳故宮房間有 9,999 間（實則八千多間），九龍壁圖案是用九的倍數 270 塊雕塑組成。北京天壇三層壇面，台階、欄板的石板石塊數目都是九和九的倍數，午門神武門上下各九排門釘。

天命

由秦始皇開始，天命一直是中國宮殿建築要刻意表述的主體，
輾轉經歷了兩千多年，清朝的乾隆還在太和殿的橫匾上寫了
「建極綏猷」四個字，意思是君主肩負了上對皇天，下對庶民的
神聖使命，承天樹立法則，撫民順應大道。明朝的皇帝亦深明
君主要體察天道，藉此突出「君權神授」的形象，將宮城命名
為紫禁城，紫字語出居於北天中央位置的紫微垣，即五宮當中
的中宮，又稱紫微宮或紫宮。城市的中心是皇城，皇城中心是
宮城，宮城中心是太和殿，太和殿建在象徵宇宙中心須彌山的
「土」字形台基上，其上有須彌座，它的九層台階象徵九重天，
天子安坐其上。通過建築形制，眾星拱衛，層層環繞，太和殿內
外跪拜的群臣倍感殿堂巍峨，更加添了對天子仰崇之勢。

故宮博物院研究員王子林引申《史記索隱》指出：「『紫』是『此』
的意思，『宮』是『中』的意思，言天神運動，陰陽開閉，皆在此
中之內，所以叫『紫宮』。」[04] 皇帝化身神舌，是上天在地上的
代言人，也是此中的首座。至於景山名稱的由來，也透露出天道
的端倪。紫禁城的北門神武門，門外過橋後為景山。學者韓增
祿在《易學與建築中》（台北大展出版社）考證，京城稱為日下，
原因是景字從日，日在京也。日指太陽，古時代表天帝，言日在
京，即以皇帝譬喻天帝，駕臨京城，因此命名景山，又是暗藏與
天同論的旨意。

與秦咸陽城不同的是，咸陽是以個別天象對應個別建築，紫
宮對咸陽宮，營室星對阿房宮，銀河對渭河，然而畢竟拘泥於
形式；紫禁城則是一個圓融演化的概念，以天中為中軸，其他

04　王子林：《紫禁城風水》，北京紫禁城出版社，2005 年，第 162 頁。

宮殿通過定位和命名等安排，猶如繁星拱衛紫微垣，著重意象多於生搬硬套，在佈局上是一種進步。

此外，紫禁城地標上的正中點，不在太和殿，不在乾清宮，而在中和殿。中和殿只供御用，是皇帝出席重大活動如祭祖前獨處靜思之處，設計亦有別於前面的太和殿和後面的保和殿，建築物呈平面正方形，殿中央的銅胎鎏金寶頂，彷彿是皇帝與天神對話的那一點靈犀。

好舞文弄墨的乾隆皇帝，也在中和殿匾額上寫上了「允執厥中」四個大字，意思是言行不偏不倚，符合中正之道。此殿於明朝時稱為中極殿，其意亦同。從地理位置延伸到精神上的道德要求，匾額置於中和殿，確實沒有其他更合適的地方。

厭勝

厭勝，壓制並且勝過敵人，早在春秋戰國時期，已經是帝王術之一，施行者包括楚莊王和秦始皇。唐朝長安城又上演了一次，於城之西南，乾卦上九之地興建曲江池，「以厭勝之」。到明朝定都北京，如何有效利用前朝元大都的基礎，充分展現新宮的氣象和面貌，達到壓倒前朝風水和王氣的目的，成為策建紫禁城的一大考量。

明太祖朱元璋為防元順帝捲土重來，將元大都大肆破壞，以鏟除龍氣，又將都城東西兩面壓縮，城門由 11 個變成 9 個，削弱其氣勢，同時刻意降低元大都規格，改稱北平府。靖難之役後，明成祖定都北京，建紫禁城，沿用元大都中軸線，並保持原來宮城周回九里三十步的規模，但整體向南移約 400 至 500 米，宮城四周開鑿寬 52 米的護城河，加強防衛。

如此：

一 元代大內的後寢延春閣，故址處於紫禁城外，明朝用新開鑿太液池南端和護城河共超過 100 萬立方呎的泥土，堆築成萬歲山，即景山，既可遮擋北面吹來的寒氣，更重要的是作為「大內之鎮山」；

二 新宮的前朝正殿奉天殿，正好壓在元代大內正南門崇天門之上；

三 新宮的正南門午門，正好壓在元代皇城的正南門靈星門上；

四 新宮的後三宮（乾清宮、交泰殿、坤寧宮），正好壓在元代大內的前朝正殿附近；

費盡思量，重重堆壓，務必使元朝永世不能翻身，是典型風水厭勝的慣技。

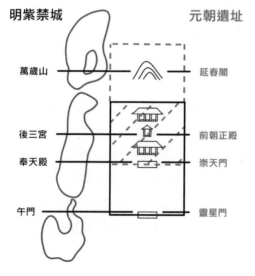

◉ 元明宮城圖

□ 元　　▣ 明清

明初先略北城 1369 年

遷都時拓其南城 1419 年

明中葉加築外城 1553 年

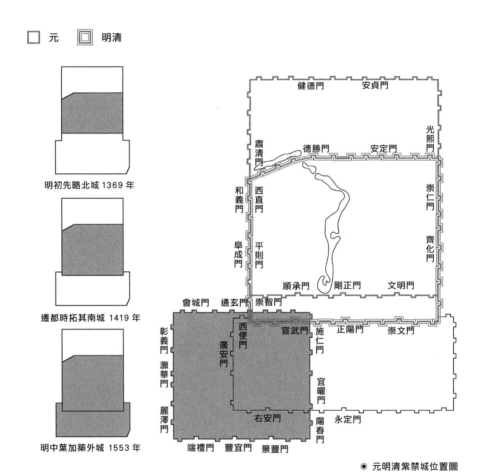

◉ 元明清紫禁城位置圖

後記

近代西方著名科學史權威李約瑟（Joseph Needham）說：「『風水』在很多方面都給中國人帶來了好處，比如它要植竹種樹以防風，以及強調住所附近流水的價值。但另外一些方面，它又發展成為一種粗鄙的迷信體系。」[01] 評價「吉凶參半」，很能反映坊間的一般看法。至於公允與否，筆者認為，端的視乎你對風水認識有多深。

本書名為《古都巡遊　好風如水》，從風水角度輪次勾勒八大古都的擇地原則和宮城佈局。「好風如水」出於蘇軾詞作《永遇樂》，原指出塵境地，恰將風水二字嵌進其中，寫人與空間的和諧關係，筆者視之為一種昇華，正好說明風水之功，於是掠美一用。

通過本書內容，筆者嘗試說明風水深植於中國各代文化之中，略舉其要，摻合天文地理、易經、儒學和正統史觀等範疇，藉此淺析這套由來之久的堪輿之學和宮殿建築的關係，取向與其他著重勘察家宅吉凶的實戰式風水書籍有別，希望讀者注意。

01　李約瑟：《中國科學技術史》第二卷〈科學思想史〉，北京科學出版社，1990 年 8 月初版，第 361 頁。

前面各章已經指出，歷史跨度超越三千年的八大古都，從來不止是一組組硬件建築，而是儼如一本無字地書，中間繼承了多種文化積澱，然而筆者認為，若把堪輿理論推本溯源，不外存乎一念——就是出於「身土不二」的集體生活智慧。在「Rule by Nature」的先民時代，人們只可以卑微地學懂如何在天地間存活，其他都屬奢想。因此，風水的初念出於一份對自然崇拜的生存本能，但求安穩生活而已。正因為這樣務實，雖然有儒學成份，卻大大有別於一些民國學人所指儒家重德性輕知性、重實踐輕理論、重直觀輕方法等弊端。至少在明清以前，風水體系複雜而周全，能施行而收實效，難怪恰為歷朝歷代統治者重視，競相套用於宮城佈局及建築形制之上，灌輸天人有別、尊卑要分的序列思想，以鞏固王權，保住得來不易的江山。孤例不立，代代傳承，令施之於宮城建築的風水從來是一個歷史現象，而不是未經認真深究就輕率貼上的社會標籤。

本書既然著重中國文化和建築的關係，筆者有幸邀得這兩方面的專家學者賜序，給予寶貴意見，他們分別是中國科學院竺可楨科學史馮錦榮講座教授，以及香港大學建築系王維仁教授。

馮錦榮教授是享譽國際的中國科技史專家，身兼多重身份，既榮膺中國科學院和香港大專院校的講席教授，也經常擔任有關科技機構顧問及策展人。馮教授治學極其嚴謹，考據無證不信，博通經籍，在眾多科技史研究中，於序文內鈎玄風水經常涉及的天文與地理之說。天文引殷商晚期的「蓋天說」為據，引伸到唐代「天圓如張蓋，地方如棋局」，中間旁述不同測量儀器；順提到地理「土圭之法」進行日影測量以求地中，是為一種天人合一的王者禮器，此與宮城擇中而建以彰顯王權的信仰一致。馮教授博覽群書，更從文獻的求證角度，釐清內文中引述的古籍出處，筆者必須藉此深表謝忱。

王維仁教授作品屢獲國際殊榮，並經常擔任各國建築年獎策展人，同時也是研究中國古代建築的權威。古都作為當時建築最高水平的典範，關乎傳統中國城市肌理和空間，正是王教授其中一項研究重點。序文中王教授深入講解風水與方位向法等不同相關項目的體系淵源，特別是與今日科學自然環境的關係，視野宏大，引古論今，大大彌補了本書只談八大古都的偏執，構成一幅風水博覽的全景圖。值得一提的是，王教授師從的漢寶德教授，也是研究堪輿學的專家，著有《風水與環境》等作品及一系列有關論述，提出許多高知卓見，本書部分內容也引用了漢寶德教授的看法。

兩位在教務異常倥傯之際，撥冗審閱全文，並且不吝賜序，令本書的可讀性和學術性大大提高，實在是筆者莫大的榮幸，相信也是讀者之福。

筆者也得感謝王維仁教授的高足徐燾博士團隊和本地著名插畫師曹志豪團隊的協助，繪畫書中各精美圖片，包括八大古都的立體圖和其他插畫，沒有他們的圖片幫助說明，本書內容恐怕只是一堆乏味難懂的文字。而讀者若覺得排版吸引，呼應古都的莊嚴和古樸，都是本書設計師陳曦成和編輯寧礎鋒的功勞，筆者也謹藉此一併合十謝過！

筆者學力所限，對風水與八大古都之間的深邃連繫僅一己淺見，未治其詳，尚祈高明賜正。

◉ 作者　　　　梁冠文
◉ 責任編輯　　寧礎鋒
◉ 書籍設計　　曦成製本（陳曦成、鄭建啓）

古都巡遊 好風如水

◉ 出版　　　三聯書店（香港）有限公司
　　　　　　香港北角英皇道 499 號北角工業大廈 20 樓
　　　　　　Joint Publishing (H.K.) Co., Ltd.
　　　　　　20/F., North Point Industrial Building,
　　　　　　499 King's Road, North Point, Hong Kong

◉ 香港發行　香港聯合書刊物流有限公司
　　　　　　香港新界荃灣德士古道 220 至 248 號 16 樓

◉ 印刷　　　美雅印刷製本有限公司
　　　　　　香港九龍觀塘榮業街 6 號 4 樓 A 室

◉ 版次　　　2023 年 2 月香港第一版第一次印刷

◉ 規格　　　16 開（170mm × 230mm）216 面

◉ 國際書號　ISBN 978-962-04-5143-0

©2023 Joint Publishing (H.K.) Co., Ltd.
Published & Printed in Hong Kong, China.

三聯書店
http://jointpublishing.com

JPBooks.Plus
http://jpbooks.plus